GESTÃO DE MARCAS

Jane Leroy Evangelista
Fabiana Fernanda Gomes de Almeida

GESTÃO DE MARCAS

CONSTRUINDO VALOR E IDENTIDADE EM UM MUNDO GLOBALIZADO

Freitas Bastos Editora

Copyright © 2024 by Jane Leroy Evangelista e
Fabiana Fernanda Gomes de Almeida.

Todos os direitos reservados e protegidos pela Lei 9.610, de 19.2.1998. É proibida a reprodução total ou parcial, por quaisquer meios, bem como a produção de apostilas, sem autorização prévia, por escrito, da Editora.

Direitos exclusivos da edição e distribuição em língua portuguesa:
Maria Augusta Delgado Livraria, Distribuidora e Editora

Direção Editorial: *Isaac D. Abulafia*
Gerência Editorial: *Marisol Soto*
Diagramação e Capa: *Deborah Célia Xavier*
Revisão: *Sabrina Dias*

Dados Internacionais de Catalogação na Publicação (CIP) de acordo com ISBD

E92g	Evangelista, Jane Leroy	
	Gestão de Marcas: Construindo Valor e Identidade em um Mundo Globalizado / Jane Leroy Evangelista, Fabiana Fernanda Gomes de Almeida. - Rio de Janeiro, RJ : Freitas Bastos, 2024.	
	196 p. : il. : 15,5cm x 23cm.	
	ISBN: 978-65-5675-364-5	
	1. Marketing. 2. Marcas. 3. Gestão de Marcas. I. Almeida, Fabiana Fernanda Gomes de. II. Título.	
2023-3757		CDD 658.8
		CDU 658.8

Elaborado por Vagner Rodolfo da Silva - CRB-8/9410
Índices para catálogo sistemático:
1. Marketing 658.8
2. Marketing 658.8

atendimento@freitasbastos.com
www.freitasbastos.com

Sumário

Capítulo 1..**9**

1. **Contexto da Gestão Estratégica de Marcas**............................**9**

   1.1 Gestão Estratégica..11

   1.1.1 Planejamento Estratégico..16

   1.1.2 Missão, visão e valores..18

   1.1.3 Cultura organizacional..20

   1.2 Branding como processo de gestão................................23

Capítulo 2..**31**

2. **Concepção de marcas**..**31**

   2.1 Como surgiram as marcas e a evolução do conceito da marca............32

   2.2 A importância das marcas para os consumidores........39

   2.3 O que é marca e os benefícios do seu uso para as empresas............45

   2.3.1 Marca como Logomarca..46

   2.3.2 Marca como Ferramenta Legal..............................48

   2.3.3 Marca como empresa..49

   2.3.4 Marca como posicionamento..................................49

   2.3.5 Marca como personalidade....................................50

Capítulo 3 ....**55**

3.   **Propósito e Estratégia de marca** **55**

3.1   Propósito de marca (*Brand Purpose*) 56

3.2   Marca na percepção dos consumidores 62

3.3   Decisões de marca na percepção da empresa 65

3.3.1   Segmentação de Mercado 66

3.3.2   Posicionamento 68

3.3.3   Estratégias de Marcas 73

Capítulo 4 ....**79**

4.   **Construção da marca** **79**

4.1   Diretrizes para a construção de identidade e personalidade de Marca 80

4.1.1   Identidade de marca 82

4.1.2   Personalidade de marca 83

4.2   Modelos de Identidade de Marca 85

4.2.1   Modelo de Aaker 85

4.2.2   Modelo de Kapferer 89

4.2.3   Modelo de Keller 94

4.3   Elementos de construção da identidade de marca 100

4.4   Identidade Visual de Marcas e seus componentes 103

4.4.1   Nome de marca 103

4.4.2   Itens de Design (do Manual de Identidade Visual) 107

4.5   Fatores de marketing determinantes para a construção de marcas sólidas 116

Capítulo 5 .... **123**

5. **Expansão e Comunicação de marcas** **123**

5.1   Arquitetura de marcas 123

5.1.1   Os relacionamentos entre as marcas 127

5.2   Comunicação Integrada e marcas 135

5.2.1   Processo de comunicação e a marca 139

5.2.2   Evolução da CIM no Mundo Digital 142

5.3   TouchPoints no Branding 146

Capítulo 6 .... **153**

6. **Gestão de marcas em diversos contextos** **153**

6.1   Sensorial Branding 154

6.1.1   Elementos Principais do Sensorial Branding 156

6.1.2   Importância do Sensorial Branding para Marcas Fortes ... 164

6.2   Primal Branding 164

6.3   Employer Branding 176

Capítulo 7 .... **183**

7. **Métricas na Gestão de marcas** **183**

7.1   Valor de Marca 184

7.2   Reconhecimento de marcas 188

7.3   Métodos de avaliações do Valor de Marcas 190

7.3.1   Métodos financeiros 190

7.3.2   Métodos não financeiros 191

7.4   Desafios na Mensuração do Valor de uma Marca 193

Capítulo 1

1. Contexto da Gestão Estratégica de Marcas

É um grande desafio falar sobre Gestão de Marcas em um mercado globalizado, com o acesso à tecnologia da informação, com o digital, metaverso e inteligência artificial liderando os temas das principais palestras, *podcasts*, *lives* e livros. E as marcas onde ficam diante desses temas?

Muitos são os assuntos que se desdobram, convergem ou se relacionam em gestão de marcas. Por isso, o primeiro passo para pensar em gestão de marcas é entender que este tema pertence ao mundo dos negócios e a pergunta inicial deve ser: "por que uma empresa precisa saber sobre gestão de marcas?".

A resposta pode ser resumida da seguinte forma: porque é a marca que conecta o consumidor ao produto ou serviço. Segundo Rocha e Ignácio (2017) a marca é importante para os consumidores porque agiliza decisões em uma sociedade na qual o tempo é um recurso limitadíssimo, as marcas fortes reduzem os custos de busca.

Ainda do ponto de vista de negócio, pode-se destacar que quando uma marca ocupa espaço na mente do consumidor terá os custos de marketing reduzidos. Por exemplo, no lançamento de novos produtos que usa da confiança que o consumidor já tem na marca, reduzindo o esforço para convencê-lo.

E mais um ponto é a marca como ativo valioso de uma empresa. O ranking das marcas mais valiosas do mundo deixa claro que uma marca forte é um dos ativos mais valiosos de uma organização, por isso deve ser tratada como tal, ou seja, gerenciada para que continue a render os frutos de que a empresa necessita. Algumas marcas valem mais que o próprio patrimônio físico da empresa.

RANKING COM AS 10 MARCAS MAIS VALIOSAS DO MUNDO

O ranking da Kantar elenca 100 marcas. Confira as dez primeiras colocações e seus valores de marca:

Apple – US$ 880.455 bilhões

Google – US$ 577.683 bilhões

Microsoft – US$ 501.856 bilhões

Amazon – US$ 468.737 bilhões

McDonald's – US$ 191.109 bilhões

Visa – US$ 169.092 bilhões

Tencent – US$ 141.020 bilhões

Louis Vuitton – US$ 124.822 bilhões

Mastercard – US$ 110.631 bilhões

Coca-Cola – US$ 106.109 bilhões

Fonte: https://www.moneytimes.com.br/qual-a-marca-mais-valiosa-do-mundo-veja-ranking--de-2023/

As marcas são mais do que apenas nomes ou logotipos; elas representam um conjunto de atributos, valores e promessas que influenciam a decisão de compra dos consumidores, trazem lucro e longevidade para o negócio. Por isso, é necessário que se tenha uma gestão estratégica das marcas, pensada para trazer resultados e longevidade ao negócio. Sobre a importância da gestão estratégica das marcas:

> As marcas, ao menos as consideradas fortes, têm substancial vantagem competitiva em relação às concorrentes de mercado, ainda mais quando pensamos no cenário altamente competitivo em que as empresas se encontram. Ter uma marca forte, e não apenas uma qualquer, pode ser um fator de sobrevivência no mercado. (Rocha e Ignácio, 2017, p. 5)

No entanto, a gestão estratégica de negócio comporta a cultura organizacional, o planejamento estratégico e a gestão de marcas. Todos estes temas se relacionam de forma sistêmica na construção de negócios duradouros representados por marcas fortes, desejadas e perenes.

1.1 Gestão Estratégica

Adotada no âmbito militar, no início do século XIX, a palavra estratégia vem do grego *strategos*, que possui o significado literal, que segundo o dicionário Houaiss é "comandante de uma armada". Antes de Napoleão, estratégia significava a arte e a ciência de conduzir forças militares para derrotar o inimigo ou abrandar os resultados da derrota. Na época de Napoleão, a palavra estratégia estendeu-se aos movimentos políticos e econômicos visando a melhores mudanças para a vitória militar (Steiner, 1969, p. 237). Somente em meados do século XX que a palavra "estratégia" começou a ser usada no ambiente empresarial. Neste momento ainda não trazia referência aos termos: mercado, posicionamento e vantagem competitiva.

"QUANDO O ESTRATEGISTA ERRA, O SOLDADO MORRE." (LINCOLN)

Em 1980, Michael Porter, célebre autor do tema, definiu estratégia como a integração do conjunto de atividades de uma empresa. O sucesso da estratégia depende de se conseguir fazer muitas coisas bem e de saber integrá-las. Se não houver adaptação entre as atividades, não há estratégia distintiva nem sustentabilidade. Mais uma vez, os resultados dependeriam da eficiência operacional. (Magaldi, 2020).

Ansoff (1977) apresentou uma frase de autor desconhecido quanto ao conceito de estratégia: "É quando a munição acaba, mas continua-se atirando para que o inimigo não descubra que a munição acabou". O significado dessa frase serve para demonstrar a grande importância que a estratégia apresenta, inclusive, no caso das empresas. A estratégia tem como finalidade permitir que os objetivos, desafios e metas estabelecidas sejam alcançadas.

Desta forma, a gestão estratégica do negócio organiza, determina e utiliza adequadamente os recursos disponíveis, sejam eles físicos, tecnológicos, financeiros e humanos com a finalidade de maximizar as oportunidades que estão no ambiente externo, minimizando os problemas internos. Assim, pode-se dizer que estratégia é sobre traçar destino, possibilidades para que o negócio tenha o máximo de condições de se adaptar e responder rapidamente às mudanças mercadológicas.

A estratégia deve ser, sempre, uma opção inteligente, econômica e viável. E, sempre que possível, original e até ardilosa; dessa forma, constitui-se na melhor arma de que pode dispor uma empresa para otimizar o uso de seus recursos, tornar-se altamente competitiva, superar a concorrência, reduzir seus problemas e otimizar a exploração das possíveis oportunidades.

Para que a gestão estratégica de uma marca seja eficaz é fundamental uma visão estratégica e mercadológica do negócio como um todo. A marca deve sempre estar em consonância com as demais estratégias institucionais e mercadológicas de forma a garantir competitividade e credibilidade nos mercados em que atua. Não há como fazer a gestão de marcas sem que tenha sido construída uma gestão estratégica do negócio (Oliveira, 2018).

As estratégias podem ser definidas como:

- movimento ou uma série específica de movimentos feitos por uma empresa (Von Neumann e Morgenstern, 1947, p. 79);

- determinação de metas básicas a longo prazo e dos objetivos de uma empresa, bem como a adoção das linhas de ação e a aplicação dos recursos necessários para alcançar essas metas (Chandler Jr., 1962, p. 13);
- conjunto de objetivos e de políticas importantes (Tilles, 1963, p. 113);
- maneira de se conduzir as ações estabelecidas pela empresa, tal como um maestro rege sua orquestra (Wrapp, 1967, p. 13);
- conjunto de decisões que determinam o comportamento a ser exigido em determinado período de tempo (Simon, 1971, p. 79);
- conjunto de objetivos, finalidades, metas, diretrizes fundamentais e de planos para atingir esses objetivos, postulados de forma que definam em que atividades se encontra a empresa, que tipo de empresa ela é ou deseja ser (Andrews, 1971, p. 28);
- manutenção do sistema empresarial em funcionamento, de forma vantajosa (Rumelt, 1974, p. 28);
- conjunto de objetivos da empresa e a forma de alcançá-los (Buzzell, Gilligan e Wilson, 1977, p. 116);
- futuridade das decisões correntes (Steiner, 1979, p. 5);
- plano uniforme, compreendido e integrado que é estabelecido para assegurar que os objetivos básicos da empresa serão alcançados (Glueck, Kaufman e Walleck, 1980, p. 9);
- processo de selecionar oportunidades definidas em termos de pedidos a serem atendidos e produtos a serem oferecidos (Pascale e Athos, 1982, p. 8);
- forma de pensar no futuro, integrada no processo decisório, com base em um procedimento formalizado e articulador de resultados e em uma programação previamente estabelecida (Mintzberg, 1983, p. 9);
- plano ou curso de ação de vital, intensa e continuada importância para a empresa em sua totalidade (Sharplin, 1985, p. 6);

- busca de uma posição competitiva favorável em uma indústria, que é a arena fundamental onde ocorre a concorrência, sendo que a escolha dessa estratégia competitiva está baseada no nível de atratividade da indústria e nos determinantes da posição competitiva relativa dentro dessa indústria (Porter, 1985, p. 21);
- modo pelo qual a empresa procura distinguir-se de maneira positiva da concorrência, usando seus pontos fortes para atender melhor às necessidades dos clientes (Ohmae, 1985, p. 42);
- regras e diretrizes para decisão que orientem o processo de desenvolvimento de uma empresa (Ansoff, 1990, p. 93);
- padrão ou plano que integra os objetivos maiores de uma empresa, suas políticas e sequências de ações em um todo coeso (Quinn, 1992, p. 5); e
- programa amplo para se definir e alcançar as metas de uma empresa, sendo a resposta dessa ao seu ambiente através do tempo (Stoner e Freeman, 1995, p. 141).

Fonte: Oliveira, 2018.

Assim, pode-se dizer que os objetivos do negócio irão determinar as estratégias mais adequadas. Elas podem ser para longo prazo e estarão ligadas à necessidade do negócio como: sobrevivência, manutenção, crescimento ou desenvolvimento. Todas essas decisões estratégicas devem estar no planejamento estratégico para que todas as oportunidades sejam aproveitadas da melhor maneira possível. O quadro abaixo mostra os tipos básicos de estratégias levando em consideração os objetivos do negócio.

QUADRO: TIPOS BÁSICOS DE ESTRATÉGIAS

Diagnóstico		Interno	
		Predominância de pontos fracos	Predominância de pontos fortes
EXTERNO	Predominância de ameaças	Estratégias de sobrevivência	Estratégias de manutenção
		• redução de custos • desinvestimento • liquidação do negócio	• estabilidade • nicho • especialização
	Pedrominância de oportunidades	Estratégias de crescimento	Estratégias de desenvolvimento
		• inovação • internacionalização • *joint venture* • expansão	• de mercado • de produtos ou serviços • financeiro • de capacidades • de estabilidade - diversificação - horizontal - vertical - concêntrica - conglomerada - interna - mista

Fonte: Oliveira, 2018, p. 196.

1.1.1 Planejamento Estratégico

O livro "A Arte da Guerra" é conhecido por oferecer uma relação do ambiente de guerra com uma série de princípios estratégicos que têm relevância e aplicação no contexto do planejamento estratégico empresarial. Embora escrito originalmente para a guerra, muitos de seus ensinamentos são considerados valiosos para a formulação e implementação de estratégias em organizações modernas.

Logo, para que a gestão de uma marca seja eficaz também **é fundamental uma visão estratégica e mercadológica do negócio da empresa. Devido à sua importância, a marca deve sempre estar em consonância com as demais estratégias institucionais, de forma a garantir competitividade e credibilidade nos mercados em que está presente.**

Dois exemplos podem mostrar que a gestão estratégica do negócio em junção com a gestão de marca faz parte de um olhar sistêmico que deve ser contemplado dentro do Planejamento Estratégico. Por isso sempre quando se muda um dos itens que afeta o negócio, como, por exemplo, o posicionamento do negócio ou de um produto específico, todo o planejamento estratégico deve ser revisto, porque as mudanças fazem com que a empresa necessite mudar em relação ao mercado e a concorrência, pensando em novas estratégias de competição.

Assim, planejamento estratégico significa exercer atividades diferentes dos rivais ou exercer atividades semelhantes de um modo diferente. O ato de planejar não acontece de forma isolada e nem sem ter claro os objetivos do negócio. Segundo Ferreira (2020, p. 7) para realizar um planejamento é preciso considerar os seguintes aspectos:

- A realidade com a qual se vai trabalhar;
- Os objetivos;
- Os meios e os recursos;
- A avaliação.

Figura: Esquema de planejamento estratégico

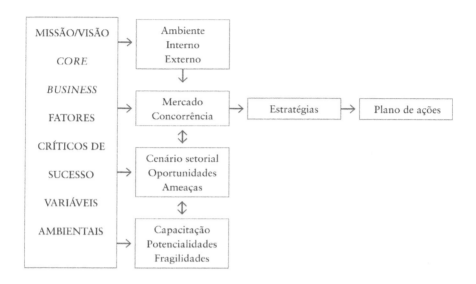

Fonte: KUAZAQUI, Edmir. Planejamento Estratégico. Cengage Learning Brasil, 2015. E-book. ISBN 9788522122523.

Como o planejamento estratégico não acontece de forma isolada e nem aleatória, ele impulsiona as demais ações como o caminho a seguir, baseado na antevisão do que será feito. O planejamento estratégico permite:

- o protagonismo na condução das ações e a tomada de decisões antecipadamente;
- a racionalização do trabalho, com menos esforço e melhores resultados;
- a economia de recursos;
- o fortalecimento da autodisciplina, uma vez que todos os envolvidos conhecem o que deverá ser feito;
- a conquista de autonomia e da flexibilidade;
- a obtenção de resultados mais facilmente;
- melhor controle das ações e dos resultados;
- tomada de decisões com maior facilidade.

Desta forma, pode-se constatar que o planejamento estratégico é uma ferramenta essencial para o sucesso de qualquer organização, independentemente do seu tamanho ou setor de atuação. Ele permite que a organização defina seus objetivos, metas e estratégias de forma clara e objetiva, o que facilita a tomada de decisões e o alinhamento de esforços de todos os colaboradores.

1.1.2 Missão, visão e valores

Como já dito, o planejamento estratégico é um processo de definição de objetivos e metas para uma organização, com o objetivo de alcançar um futuro desejado. É um processo fundamental para o sucesso das organizações, pois permite que elas se orientem e se preparem para os desafios futuros.

Neste processo, a missão, a visão e os valores são elementos fundamentais do planejamento estratégico. Eles fornecem o direcionamento e a inspiração para as ações da organização.

MISSÃO

A missão de uma empresa é sua essência, aquilo que ela se propõe a ser e a oferecer no mercado. A declaração da missão pode ser atualizada de acordo com a direção que o negócio deseja seguir. A missão deve ser clara, concisa e inspiradora. Ela deve ser capaz de comunicar a todos os membros da organização o que é importante para a organização. A construção da missão precisa ser capaz de responder os seguintes questionamentos: o que a empresa faz, por que ela faz, para quem ela faz e como ela faz.

VISÃO

Enquanto a missão é aquilo que a organização se destina, a visão é aquilo que ela almeja. Assim como a missão, a visão também não é engessada e pode mudar de acordo com os objetivos estratégicos do negócio. Para a definição da visão é preciso considerar:

- Se ela é plausível;
- Se ela precisa ter um foco bem definido;
- Se ela deve atender a todos os grupos de interesse.

Ferreira (2020) cita Chiavenato e Sapiro para mostrar que é necessário o alinhamento entre missão e visão e que este pode ser assegurado da seguinte forma:

- Esclarecer a todos os grupos de interesse a direção de negócios. Para isso a visão precisa ser genérica e elevada, visando contemplar todos os grupos de interesse, sem esquecer nenhum;
- Descrever uma condição futura, ou seja, a visão deve apresentar o futuro ideal, viabilizando pela contribuição de todos os grupos de interesse;
- Motivar os grupos de interesse envolvidos a executarem as ações necessárias, pois a visão deve transmitir entusiasmo e energia;
- Oferecer foco, já que uma visão clara faz com que todos os envolvidos tenham uma base comum de esforço e organização;
- Inspirar as pessoas a trabalharem em conjunto os objetivos.

Veja abaixo o exemplo da Coca-Cola, como ela coloca:

WHO WE ARE	PURPOSE	VISION
THE COCA-COLA COMPANY	TO REFRESH THE WORLD. MAKE A DIFFERENCE.	LOVED BRANDS, DONE SUSTAINABLY, FOR A BETTER SHARED FUTURE. Our vision is to craft the brands and choice of drinks that people love and enjoy, to refresh them in body and spirit. And done in ways that create a more sustainable business and better shared future that makes a difference in people's lives, communities and our planet.

Fonte: https://www.coca-colacompany.com/about-us/purpose-and-vision

A visão deve ser desafiadora, mas alcançável. Ela deve ser capaz de motivar as pessoas a trabalharem para alcançar os objetivos da organização.

VALORES

Os valores são pontos de referência, norteadores das ações e comportamento dos colaboradores. Precisam ser conhecidos por todos dentro da organização e não são negociáveis. Para que eles funcionem é preciso que estejam alinhados à missão e visão, intencionalmente definidos no planejamento estratégico.

Missão, visão e valores são elementos fundamentais do planejamento estratégico. Eles fornecem o direcionamento e a inspiração para as ações da organização, o que pode levar ao seu sucesso.

1.1.3 Cultura organizacional

A cultura organizacional é o ponto de partida para a construção do sucesso de qualquer negócio. Isto porque ela dá o tom para todas as decisões estratégicas e consequentemente na construção e gestão da marca. A relação entre cultura organizacional e gestão de marcas é profunda e impactante para o sucesso de uma empresa. Tanto a cultura organizacional quanto a gestão de marcas desempenham papéis cruciais na forma como uma organização é percebida interna e externamente.

Entende-se por cultura organizacional os valores, crenças, normas, comportamentos e padrões adotados pelos membros de uma organização. Ela molda a maneira como os funcionários interagem entre si e como eles se envolvem com o trabalho e os clientes. A cultura organizacional influencia a motivação dos funcionários, a tomada de decisões e o ambiente de trabalho geral.

Já a gestão de marcas é o processo de criar, desenvolver, manter a identidade e a imagem de uma marca. Isso inclui elementos como logotipos, mensagens, valores, posicionamento de mercado e experiência do cliente. A gestão de marcas visa criar uma conexão emocional com os consumidores, aumentar o reconhecimento da marca e estabelecer uma reputação positiva no mercado.

Pode-se dizer que a cultura organizacional é o olhar para dentro da empresa enquanto a gestão de marcas é o olhar para o mercado. E elas coexistem uma dando suporte a outra.

Segundo Rocha e Ignácio (2017) gerenciar uma marca não é uma atribuição das mais fáceis para um gestor. O contexto no qual as marcas se encontram está passando por mudanças drásticas e elas, como um organismo vivo, devem acompanhar e se adaptar a essas mudanças. A não adaptação ao mercado leva muitos negócios a falência ou a participação no mercado com pouca expressividade. Como exemplo pode-se usar a Mappin. Era uma loja de departamento situada em São Paulo (SP) e que por não conseguir se adaptar, acabou falindo. Ela ainda é uma marca lembrada, mas a resistência da cultura organizacional para o novo impediu que esta marca continuasse no mercado.

Fonte da imagem: https://i0.wp.com/saopauloantiga.com.br/wp-content/uploads/2013/11/mappin1983.jpg?resize=590%2C443&quality=89&ssl=1

São benefícios da relação entre Cultura Organizacional e Gestão de Marcas:

A. **Consistência de Mensagem:** A cultura organizacional influencia a forma como os funcionários comunicam e agem. Quando os valores e crenças da cultura são mantidos com a identidade da marca, a mensagem transmitida aos clientes é mais autêntica e consistente. Isso ajuda a construir confiança e segurança.

B. **Aumentar o reconhecimento da marca:** estabelece uma reputação positiva no mercado.

Para Schein (1999) a cultura organizacional desempenha vários papéis como:

- **Cultura como um elemento fundamental da identidade da marca:** cultura de uma organização é fundamental para sua identidade. Da mesma forma, a cultura de uma marca é um componente essencial de sua identidade e como ela é percebida pelos clientes e pelo público em geral. A cultura da empresa pode influenciar os valores, a missão e a personalidade da marca.
- **A cultura define as práticas e comportamentos da marca:** a cultura molda as práticas e comportamentos das pessoas em uma organização. Da mesma forma, a cultura de uma marca pode moldar a maneira como ela se comporta no mercado, incluindo como ela se relaciona com os clientes, como comunica seus valores e como toma decisões estratégicas.
- **Cultura como fator de coesão e alinhamento:** a cultura é um fator crucial para unir as pessoas dentro de uma organização e alinhar suas ações. No contexto da gestão de marcas, uma cultura forte pode unir os funcionários em torno de uma visão compartilhada da marca e garantir que todos estejam trabalhando na mesma direção para manter e fortalecer a identidade da marca.
- **Mudança cultural para a gestão da marca:** Se uma marca deseja redefinir sua imagem ou reposicionar-se no mercado, pode ser necessária uma mudança cultural para apoiar essa transição e requer um entendimento profundo da cultura existente e um processo cuidadoso de redesenho cultural para alcançar os objetivos desejados.

A gestão de marcas pode variar dependendo do contexto e das características da organização em questão. Já a cultura organizacional desempenha um papel fundamental na gestão de marcas, interferindo diretamente nas decisões estratégicas. A cultura organizacional deve estar identificada com os valores, missão e identidade da marca. Quando os funcionários vivenciam e refletem esses valores em seu trabalho diário, eles se tornam embaixadores autênticos da marca, fortalecendo sua imagem no mercado.

A cultura organizacional influencia a forma como os funcionários se comunicam entre si e com o público externo. Uma cultura que valoriza a inovação e a criatividade pode sustentar o desenvolvimento de novos produtos, uma vez que a tomada de decisão é moldada pela cultura. A forma como a empresa lida com os desafios e crises, também é influenciada pela cultura organizacional. Uma cultura que valoriza a responsabilidade e a transparência pode ajudar a mitigar danos à credibilidade da marca em momentos difíceis

Assim como uma cultura forte e positiva pode ser um diferencial na atração e retenção de talentos. Candidatos que se identificam com a cultura da empresa são mais tolerantes a se unirem à organização e permanecerem engajados ao longo. A valorização do aprendizado e a melhoria contínua pode levar a uma abordagem proativa na adaptação da marca às mudanças do mercado e nas necessidades dos clientes.

Em resumo, a cultura organizacional desempenha um papel central na gestão de marcas, moldando a maneira como os funcionários percebem, vivenciam e promovem a marca. Uma cultura é capaz de construir marcas fortes e adaptáveis ao mercado, entregando valor aos seus *stakeholders*.

1.2 Branding como processo de gestão

A origem da palavra *branding* é da língua inglesa, e *brand* pode ser traduzido como *marca*, no sentido de "fazer", "transformar", "movimentar" a instituição (Tavares, 2003).

A expressão *Branding*, atualmente, muito utilizada no ambiente corporativo, traduz uma forma de gestão orientada por um processo de desenvolvimento de sinais de forma a aproveitar todas as oportunidades para expressar porque as pessoas deveriam escolher uma marca e não a outra para aquele caso em comento.

Isso porque no atual mercado competitivo, as empresas enfrentam um desafio crescente para se diferenciarem no mercado. Nesse cenário, o *branding* assume um papel fundamental, pois permite que as empresas criem uma identidade única e memorável, que as diferencie dos concorrentes.

Assim, o *branding* pode ser definido como o processo de gestão estratégica de uma marca, que visa criar e manter uma percepção positiva da marca na mente dos consumidores. Essa percepção é influenciada por uma série de fatores, incluindo o nome, o logotipo, os produtos ou serviços oferecidos, a experiência do cliente e a comunicação da marca.

E o *branding* é um processo contínuo, que deve ser adaptado às mudanças do mercado e às necessidades dos consumidores. Para ser eficaz, o *branding* deve ser baseado em uma estratégia clara e consistente, que seja alinhada aos objetivos de negócios da empresa.

Um trabalho bem desenvolvido por meio do *branding* consegue demonstrar a diferenciação entre os concorrentes. Esse diferencial é de grande relevância no gerenciamento da marca, pois, geralmente, os produtos e serviços das melhores empresas dos mercados têm preços e características muito semelhantes. Nesse contexto, a marca passa a ser uma estratégia de diferenciação entre empresas, e essa estratégia dependerá de como a empresa se posicionará, devendo atuar de forma criativa e eficaz sobre o mercado.

Quanto maior a força da marca e sua presença no mercado, menos recursos serão necessários e maiores e mais rápidos retornos poderão ser esperados (Tuleski, 2009). Diante disso, nota-se que a capacidade de *branding* é uma capacidade organizacional, baseada no processo de conhecimento, que promove efetivamente a sequência completa de atividades para a construção da marca.

A gestão estratégica do negócio e o *branding* estão intrinsecamente relacionados, pois ambos desempenham papéis cruciais no sucesso e na sustentabilidade de uma empresa. O quadro abaixo apresenta um panorama comparativo da correlação da gestão estratégica e do *branding*.

	Gestão Estratégica	Branding
Definição de Objetivos e Missão	A gestão estratégica envolve a definição de objetivos de longo prazo e a missão da empresa. Isso inclui a determinação de onde a empresa quer estar no futuro.	O *branding* ajuda a comunicar a missão e os valores da empresa de forma consistente, o que contribui para a construção de uma identidade sólida e alinhada com os objetivos estratégicos.
Posicionamento de Mercado	A estratégia de negócios define como a empresa pretende se posicionar no mercado em relação à concorrência.	O *branding* influencia a percepção dos clientes sobre a empresa, diferenciando-a da concorrência e destacando suas características únicas.
Criação de Valor para o Cliente	A gestão estratégica busca criar valor para os clientes por meio de produtos ou serviços que atendam às suas necessidades e desejos.	O *branding* ajuda a comunicar esse valor de maneira eficaz, construindo a confiança do cliente e fortalecendo os laços emocionais com a marca.
Tomada de Decisão	A gestão estratégica envolve a tomada de decisões importantes relacionadas a investimentos, expansão, inovação e muito mais.	As decisões estratégicas devem considerar como elas afetarão a imagem da marca e a percepção dos clientes.
Ciclo de Vida da Marca	A gestão estratégica precisa considerar o ciclo de vida do produto ou serviço oferecido pela empresa.	O *branding* é essencial para manter a relevância da marca em diferentes estágios do ciclo de vida, adaptando-se às mudanças no mercado.

Acompanhamento de Desempenho	Acompanhar e medir o desempenho é fundamental na gestão estratégica para avaliar o progresso em relação aos objetivos.	O desempenho da marca, incluindo a reputação e a fidelidade do cliente, também deve ser monitorado e gerenciado como parte da estratégia global.
Gestão de Crises	A gestão estratégica deve incluir planos de contingência para lidar com crises e desafios inesperados.	O *branding* desempenha um papel crucial na gestão de crises, ajudando a proteger a reputação da marca e reconstruir a confiança dos clientes após situações adversas.

Logo, a gestão estratégica e o *branding* **são elementos interdependentes que se complementam na criação e no desenvolvimento de uma empresa de sucesso. A estratégia define o que a empresa quer alcançar, enquanto o** *branding* **molda como ela é percebida pelo público, contribuindo para a realização desses objetivos estratégicos.**

A gestão estratégica e as marcas estão intrinsecamente relacionadas em diversas formas. A gestão estratégica é o processo de planejamento, implementação e avaliação das estratégias de uma organização para atingir seus objetivos de longo prazo. As marcas, por outro lado, são elementos críticos da identidade de uma empresa e desempenham um papel fundamental na estratégia de marketing e posicionamento de mercado. A seguir alguns destes relacionamentos:

- Identidade de Marca e Posicionamento Estratégico: A gestão estratégica envolve a definição de objetivos de longo prazo e a formulação de estratégias para alcançá-los. A identidade de marca, incluindo elementos como o logotipo, valores da marca e mensagem central, é essencial para o posicionamento estratégico de uma empresa no mercado. A estratégia deve refletir e reforçar a identidade da marca para criar uma imagem consistente.

- Competitividade e Vantagem Competitiva: A gestão estratégica visa criar e sustentar uma vantagem competitiva duradoura. As marcas desempenham um papel vital nisso, pois uma marca forte e reconhecível pode ser uma fonte significativa de vantagem competitiva. Uma marca forte pode diferenciar os produtos ou serviços de uma empresa dos concorrentes.
- Comunicação e Engajamento do Cliente: A gestão estratégica também se relaciona com a forma como uma empresa se comunica com seus clientes. As marcas são veículos essenciais para essa comunicação. A estratégia de marca determina como uma empresa se posiciona no mercado e como ela se comunica com seu público-alvo. Isso inclui publicidade, marketing de conteúdo e interações nas redes sociais.
- Ciclo de Vida da Marca e Inovação Estratégica: As marcas passam por um ciclo de vida e a gestão estratégica deve estar alinhada com esse ciclo. À medida que uma marca envelhece, pode ser necessário redefinir a estratégia para mantê-la relevante. A inovação estratégica também desempenha um papel na evolução das marcas ao longo do tempo.
- Reputação e Valor da Marca: A reputação de uma empresa está intimamente ligada à sua marca. Uma boa gestão estratégica busca manter e melhorar a reputação da marca, pois isso afeta diretamente o valor da marca. Marcas bem avaliadas têm maior valor de mercado e são mais resistentes a crises.
- Decisões de Portfólio e Extensão de Marca: A gestão estratégica inclui decisões sobre o portfólio de produtos ou serviços de uma empresa. Isso também afeta as marcas associadas a esses produtos ou serviços. A estratégia pode envolver a extensão de marca (uso da mesma marca em diferentes produtos) ou o lançamento de novas marcas para atender a diferentes segmentos de mercado.

Em resumo, a gestão estratégica e as marcas estão interligadas em várias dimensões. Uma estratégia eficaz deve levar em consideração a identidade da marca, a comunicação com o cliente, a construção da reputação e a criação de valor por meio da marca. A forma como uma empresa gerencia sua marca desempenha um papel fundamental na realização de seus objetivos estratégicos de longo prazo.

PERGUNTAS PARA EXPLORAR A COMPREENSÃO:

- Como você definiria o conceito de "Gestão Estratégica" em relação à gestão de marcas? Quais são os principais elementos dessas abordagens?
- Qual é a importância do planejamento estratégico na gestão de marcas? Pode explicar como ele se relaciona com a definição de metas e objetivos de uma marca?
- Como a definição de missão, visão e valores de uma organização influencia a gestão estratégica de marcas? Quais são os benefícios de ter uma declaração clara desses elementos?
- De que maneira a cultura organizacional afeta a gestão de marcas? Pode fornecer exemplos de como a cultura de uma empresa pode ser expressa por meio da marca?
- Como o *branding* atua como um processo de gestão estratégica de marcas?
- Quais são os desafios comuns que as organizações enfrentam ao implementar estratégias de gestão de marcas? Como podem ser superados?

RESUMO

A Gestão Estratégica de Marcas é um componente essencial para qualquer organização que busca estabelecer e manter uma presença sólida no mercado. Ela engloba uma série de conceitos interconectados que juntos moldam a identidade, a percepção e o valor de uma marca.

A Gestão Estratégica refere-se à formulação e implementação de estratégias que visam alcançar os objetivos de longo prazo de uma organização. Isso envolve a análise do ambiente interno e externo da empresa, a identificação de oportunidades e ameaças, e a definição de diretrizes para atingir metas específicas.

O Planejamento Estratégico é uma parte fundamental da Gestão Estratégica de Marcas. Ele consiste na elaboração de planos detalhados que descrevem como a organização atingirá seus objetivos estratégicos. Inclui a definição de metas, a alocação de recursos e a programação de ações.

A Missão, Visão e Valores representam a espinha dorsal da estratégia de uma empresa. A Missão descreve o propósito fundamental da organização, sua razão de existir. A Visão define a imagem do futuro desejado. Os Valores representam os princípios e crenças que guiam o comportamento e as decisões da empresa.

A Cultura Organizacional é o conjunto de valores, normas e crenças compartilhadas dentro de uma empresa. Ela desempenha um papel vital na maneira como os funcionários percebem a marca e se relacionam com ela. Uma cultura alinhada com a estratégia de marca fortalece a identidade da marca e melhora a coesão interna.

O *Branding* é o processo de construção, gestão e fortalecimento de uma marca. Ele vai além do logotipo e do design, incorporando a percepção do público, as associações emocionais e os valores da marca. O *Branding* atua como um guia estratégico, garantindo que a identidade da marca seja consistente e relevante para o público-alvo.

Por fim, a Gestão Estratégica de Marcas envolve o Planejamento Estratégico, a definição de Missão, Visão e Valores, a promoção de uma Cultura Organizacional alinhada e o uso do *Branding* como um processo contínuo de gestão. Esses elementos combinados permitem que as marcas se destaquem em um mercado competitivo, estabelecendo conexões sólidas com seu público e alcançando o sucesso a longo prazo.

REFERÊNCIAS

AAKER, D. **Marcas brand equity: gerenciando o valor da marca**. São Paulo: Negócio, 2003.

DRANOVE, David; MARCIANO, Sonia. **Estratégia**, 1. ed. Editora Saraiva, 2016. *E-book*. ISBN 9788547213404. Disponível em: https://integrada.minhabiblioteca.com.br/#/books/9788547213404/. Acesso em: 18 set. 2023.

KELLER, K. L. e MACHADO, M. **Gestão estratégica de marcas**. São Paulo: Pearson Prentice Hall, 2006.

KOTLER, P.; KELLER, K. L. **Administração de marketing**. 12. ed. São Paulo: Pearson, 2006.

KUAZAQUI, Edmir. **Planejamento Estratégico**. São Paulo: Cengage Learning Brasil, 2015. *E-book*. ISBN 9788522122523.

MAGALI, Sandro. **Estratégia adaptativa: o novo tratado do pensamento estratégico**. São Paulo: Editora Gente, 2020.

OLIVEIRA, Djalma de Pinho Rebouças de. **Planejamento Estratégico – Conceitos – Metodologia – Práticas**. 34. ed. Rio de Janeiro: Grupo GEN, 2018.

ROCHA, MARCOS DONIZETE APARECIDO; DE OLIVEIRA, SERGIO LUIS IGNACIO. **Gestão estratégica de marcas**. Saraiva Educação SA, 2017.

SCHEIN, Edgar H. **Cultura organizacional e liderança**. São Paulo: Atlas, 2009.

TULESKI, Y. M. **Marcas e branding**. 2009. Disponível em: http://www.cedet.com.br/index.php?/Tutoriais/Marketing/marcas-e-branding.html. Acesso em: 20 jul. 2022.

Capítulo 2

2. Concepção de marcas

A evolução das marcas ao longo da história é um tema de grande relevância no campo do marketing e *branding*, despertando o interesse de estudiosos e profissionais que buscam compreender como essas entidades simbólicas surgiram e se desenvolveram ao longo do tempo. Neste capítulo, será explorada a intrincada trajetória que conduziu à concepção contemporânea de marcas, examinando não apenas a sua origem, mas também a sua evolução enquanto conceito. Além disso, será investigado a importância fundamental que as marcas desempenham no contexto contemporâneo, tanto para as empresas quanto para os consumidores, destacando seu papel na construção de relacionamentos duradouros e na diferenciação de produtos e serviços em mercados cada vez mais competitivos.

Para compreender a magnitude das marcas na sociedade atual, é imperativo abordar a questão fundamental: o que exatamente é uma marca? Será analisada essa questão de forma abrangente, considerando não apenas sua definição formal, como já dito no capítulo anterior, mas também sua natureza multifacetada e suas dimensões simbólicas. Ao fazer isso, será estabelecido uma base sólida para a discussão subsequente sobre os benefícios que o uso eficaz das marcas proporciona, tanto para as organizações quanto para os consumidores.

Este capítulo visa, assim, traçar um panorama abrangente e aprofundado sobre a história das marcas, sua relevância contemporânea e as diversas maneiras pelas quais as marcas influenciam e são influenciadas pelos consumidores. Através dessa análise, espera-se oferecer *insights* valiosos para pesquisadores, profissionais de marketing e todos aqueles interessados na compreensão da complexa interação entre marcas e sociedade.

2.1 Como surgiram as marcas e a evolução do conceito da marca

A origem das marcas remonta a tempos antigos, quando as pessoas começaram a identificar e distinguir os produtos uns dos outros por meio de marcas (no sentido de objeto marcado) ou símbolos. No entanto, o conceito moderno de marca e sua evolução ao longo do tempo envolvem vários elementos, mudanças de fases e contribuições de diferentes autores e teorias.

As marcas têm suas raízes em práticas antigas de identificação e marcação usadas por artesãos, produtores e comerciantes para diferenciar seus produtos. Essas marcas eram frequentemente símbolos ou sinais que indicavam a origem ou a qualidade do produto. Era assim que os comerciantes e artesãos encontraram maneiras de diferenciar suas mercadorias. As marcas foram desenvolvidas como uma forma de comunicar informações sobre a origem, qualidade ou autenticidade de um produto. Conforme Tavares (2008) relata essa é considerada a primeira fase da evolução do conceito de marcas.

Uma das primeiras formas de marca registrada pode ser encontrada no Antigo Egito, cerca de 4.000 anos atrás. Os artesãos egípcios frequentemente marcavam suas cerâmicas com símbolos ou inscrições para identificar o fabricante ou a cidade de origem. Essas marcas também eram usadas como uma forma de controle de qualidade, garantindo que os produtos fossem produzidos de acordo com os padrões desejados.

Na Roma Antiga, marcas eram usadas em produtos como vasos de cerâmica, tijolos e moedas. Essas marcas geralmente eram símbolos ou iniciais dos fabricantes e serviam como uma forma de distinguir seus produtos dos de outros. Essa fase durou bastante tempo, uma vez que se tem notícia até mesmo durante o Brasil colônia da marcação de gado para identificação do proprietário. O uso de marcas também foi importante para proteger os direitos dos comerciantes e evitar a falsificação de produtos.

Durante a Idade Média, a prática de marcar produtos continuou a se desenvolver. As *guildas*[1] de artesãos, associações de trabalhadores de uma determinada profissão, frequentemente usavam marcas para identificar os produtos fabricados por seus membros. Essas marcas eram registradas e protegidas por leis para evitar o uso indevido ou a falsificação.

No final da Idade Média e durante a Era Moderna, as marcas comerciais começaram a se tornar mais proeminentes à medida que o comércio se expandia e as atividades comerciais se tornavam mais sofisticadas. Marcas registradas foram usadas para identificar a origem dos produtos, permitindo que os compradores reconhecessem a qualidade e a reputação dos fabricantes. Essas marcas podiam ser símbolos, nomes ou palavras que eram exclusivas de um determinado fabricante ou empresa. Conforme cita Tavares (2008), muitas vezes essas marcações poderiam incluir mais informações como peso, dizeres sobre garantia de origem, características do produto, entre outros detalhes também poderiam estar junto do nome do produtor ou fabricante.

Com o advento da Revolução Industrial e o aumento da produção em massa, as marcas se tornaram ainda mais importantes. A concorrência entre os fabricantes aumentou e as marcas se tornaram uma forma eficaz de diferenciar produtos semelhantes. Empresas começaram a investir em comunicação para promover suas marcas, criando identidades distintas e estabelecendo a fidelidade dos clientes.

Aproximadamente entre os séculos XVIII e XIX houve uma transformação significativa na maneira como as marcas eram percebidas e ge-

---

1   Durante a Idade Média, em certos países europeus, associação que agregava pessoas que possuíam interesses comuns (comerciantes, artistas, artesãos etc.) com o propósito de oferecer assistência e segurança aos seus membros (https://www.dicio.com.br/guilda/).

renciadas. Com o crescimento da industrialização, a produção em massa e o surgimento de novos mercados, tornou-se necessário encontrar maneiras de diferenciar e identificar os produtos em meio à concorrência crescente. Isso impulsionou a evolução do conceito de marca, passando de um simples sinal de propriedade para uma representação simbólica mais abrangente do valor e da qualidade de um produto.

Uma das mudanças mais significativas foi a transição das marcas de propriedade física para as marcas registradas. Em idos do século XIX, a aprovação da Lei de Marcas Registradas, no Reino Unido e em outros países da Europa, foi um marco importante nesse processo. Ela permitiu que as empresas registrassem suas marcas de maneira formal, concedendo-lhes proteção legal contra o uso não autorizado por terceiros. Esse desenvolvimento legal deu início à proteção dos direitos de propriedade intelectual das marcas.

Além disso, à medida que a produção em massa se expandia, as empresas começaram a reconhecer a importância de construir relacionamentos com os consumidores. As marcas começaram a ser promovidas e comunicadas de maneira mais proeminente para estabelecer uma identidade e uma reputação distintas.

Nesta segunda fase do conceito de marcas, elas foram se tornando mais valorizadas como ativos comerciais e símbolos de confiança. Como cita Tavares (2008) a transferência das características pessoais foi sintetizada do nome das pessoas (ou fabricantes) para as características de produtos ou serviços. E assim, um produto carregava, associado a si, os mesmos atributos de seus fabricantes. Nesta fase, os nomes de lugares (cidades, estados, regiões) ou nomes de processos e ainda dos próprios produtos também tiveram sua escolha para marcas que queriam traduzir características que estes possuíam as mercadorias ou serviços vendidos.

As empresas perceberam que, ao estabelecer uma marca forte e reconhecível, poderiam criar lealdade dos consumidores e diferenciar-se da concorrência. Essa mudança de percepção levou ao desenvolvimento de estratégias de *branding* mais sofisticadas e à construção de marcas duradouras.

Inclusive algumas marcas surgidas no final do século XIX e início do século XX perduram até os dias de hoje e carregam consigo os mesmos atributos.

> **Empresa britânica centenária – Selfridges 1909**
> **Figura: Loja da Selfridges em Londres**
>
>
>
> Texto original sobre a Selfridges tirado do *site* da empresa:
> In 1906, Harry Gordon Selfridge arrived in London from Chicago with his heart set on opening his dream store. With his revolutionary understanding of publicity and the theatre of retail, Selfridges flourished under the direction of its charismatic Chief.
> Harry Gordon Selfridge's spirit of innovation and creativity lives on today. The only store to be named the Best Department Store in the World four times, Selfridges today is more than just the sum of its products – It's a shopping experience that promises to surprise, amaze and amuse its customers by delivering extraordinary customer experiences. And, to this day, as Harry Gordon Selfridge said, 'Everyone is welcome'.

Fonte: https://www.selfridges.com/GB/en/features/info/our-heritage/?cm_sp=feature-_- -AboutSelfridgesaboutSelfridges-_-CT-DiscoverMore-gb

A industrialização também trouxe avanços tecnológicos, como a invenção da rotulagem e da embalagem padronizada. Isso permitiu que as marcas fossem facilmente identificadas pelos consumidores nas prateleiras e reforçou a importância da embalagem como elemento distintivo da marca. Foi também durante esse período que surgiram as primeiras estratégias de comunicação, utilizando mídias impressas, como jornais e revistas, para promover e divulgar as marcas.

No século XX, o conceito de marca passou por uma evolução significativa, impulsionada por várias mudanças sociais, econômicas, culturais e tecnológicas ocorridas na sociedade. Ao longo desse século, a marca se tornou muito mais do que apenas um símbolo visual. Uma das principais mudanças ocorreu com o surgimento e evolução dos meios de comunicação de massa, como o rádio, o cinema, a televisão, e, mais tarde, a internet. Essas plataformas proporcionaram às empresas uma maneira de alcançar um público mais amplo e criar conexões emocionais com os consumidores.

Ainda no início do século XX, as marcas estavam mais preocupadas com a qualidade e a funcionalidade dos produtos. No entanto, à medida que o tempo foi passando, a concorrência aumentando devido ao incremento dos meios produtivos, tornou-se necessário diferenciar-se dos concorrentes e conquistar a lealdade dos consumidores. As empresas começaram a investir na construção de uma personalidade de marca única, com base em atributos como confiabilidade, inovação, exclusividade ou amigabilidade, e usar a comunicação para transmiti-los.

Considerada a terceira fase da evolução das marcas, à medida que estas se tornavam mais complexas, surgiu a necessidade de uma gestão mais estratégica e abrangente da marca. Os nomes mercadológicos, como chama Tavares (2008) passam a fazer sentido, uma vez que as marcas são consideradas patrimônio das empresas e contribuem para sua reputação e imagem no mercado.

O termo "*branding*" começou a ser usado para descrever o processo de gerenciar todos esses aspectos de uma marca e criar uma identidade consistente e distintiva. O *branding* passou a envolver o desenvolvimento de estratégias de marketing, comunicação e design que transmitissem a personalidade da marca de forma consistente em todos os pontos de contato com o público.

No final do século XX e início do século XXI, a ascensão da internet e das mídias sociais trouxe outra revolução para o *branding*. As marcas passaram a ter interações mais diretas com os consumidores, permitindo um engajamento mais profundo e personalizado. As redes sociais também permitiram que os consumidores compartilhassem suas opiniões sobre as marcas, amplificando o poder e a influência dos consumidores na construção da reputação das empresas.

Além disso, com o aumento da globalização e da concorrência, as marcas passaram a se tornar ativos valiosos por si mesmas. O valor de mercado de uma empresa começou a depender cada vez mais do valor de sua marca. Isso levou ao surgimento de estratégias de *branding* mais sofisticadas, como a gestão estratégica de portfólio de marcas e o uso de estratégias de marca para entrar em novos mercados ou segmentos.

Atualmente, as marcas desempenham um papel fundamental na economia global. Elas representam a identidade e os valores de uma empresa e são um fator importante na decisão de compra dos consumidores. As marcas também são valiosas do ponto de vista comercial, pois podem ser vendidas, licenciadas e usadas como uma estratégia de diferenciação em um mercado competitivo.

Em resumo, a evolução do conceito de marca no século XX trouxe uma mudança significativa no modo como as empresas pensam sobre a marca e sua gestão. O *branding* deixou de ser apenas uma identificação visual e se tornou uma ferramenta estratégica para criar conexões emocionais com os consumidores, diferenciar-se dos concorrentes e construir uma reputação valiosa. A era digital ampliou ainda mais o papel do *branding*, proporcionando interações mais diretas com os consumidores e ampliando a influência do público na construção da marca.

> **Identificação e Marcação:** As marcas têm suas raízes em práticas antigas de identificação e marcação, usadas por artesãos, produtores e comerciantes para diferenciar seus produtos. Essas marcas eram frequentemente símbolos ou sinais que indicavam a origem ou a qualidade do produto.
>
> **Marcas Comerciais:** No final do século XIX, surgiram as primeiras marcas comerciais registradas, como a Coca-Cola, que começou a usar um logotipo registrado em suas garrafas. Esse período testemunhou o início do reconhecimento legal e da proteção de marcas.
>
> Durante a Revolução Industrial, a produção em massa e a concorrência acirrada levaram ao desenvolvimento de marcas como forma de criar lealdade do consumidor. Empresas como a Nestlé e a *Procter & Gamble* foram pioneiras na construção de marcas fortes e no estabelecimento de conexões emocionais com os consumidores.
>
> **Branding:** No século XX, o *Branding* se tornou uma disciplina reconhecida, e as marcas se tornaram um componente central das estratégias de negócios. Autores e teóricos começaram a explorar e definir o conceito de marca de diferentes maneiras.

Seguem aqui alguns exemplos de empresas que evoluíram a forma de lidar com suas marcas (assim como o próprio conceito de marca evoluiu) e se destacaram ao longo do tempo.

Nestle: A Nestlé, fundada em 1866, é uma das maiores empresas de alimentos e bebidas do mundo. Ao longo de sua história, a empresa expandiu seu portfólio para incluir uma ampla variedade de produtos, incluindo alimentos infantis, café, chocolates, água engarrafada e muito mais. Sua capacidade de se adaptar às mudanças nas preferências dos consumidores é notável. A empresa manteve sua identidade visual icônica, mas adaptou seu logotipo e posicionamento de marca para refletir os valores contemporâneos, como a saúde, a responsabilidade social e a sustentabilidade.

IBM (International Business Machines): A IBM foi fundada em 1911 e é uma das empresas mais antigas do setor de tecnologia. Ao longo dos anos, a IBM passou de fabricante de máquinas de tabulação para uma empresa de tecnologia de ponta, líder em serviços de consultoria, hardware e software. Sua constante adaptação às mudanças tecnológicas é um exemplo notável de evolução. Por meio de diversas iniciativas, a marca passou a enfatizar seu compromisso com a inovação para resolver problemas globais, como sustentabilidade, saúde e educação.

Coca-Cola: A marca Coca-Cola foi registrada pela primeira vez em 1893 e desde então se tornou um dos exemplos mais emblemáticos de uma marca global. Ao longo dos anos, a Coca-Cola construiu uma imagem de felicidade, união e celebração em torno de sua marca.

2.2 A importância das marcas para os consumidores

As marcas desempenham um papel fundamental na forma como os consumidores percebem, experimentam e interagem com os produtos e serviços que consomem. Neste contexto, as marcas são mais do que apenas nomes ou logotipos; elas representam um conjunto de atributos, valores e promessas que influenciam a decisão de compra dos consumidores.

Sob este aspecto alguns pontos devem ser destacados, como a identificação e a diferenciação de produtos e serviços no mercado, a confiança e a qualidade em marcas e a identidade e expressividade que estas representam.

Como já dito anteriormente, as marcas são muito mais do que apenas nomes ou logotipos; elas representam a promessa de valor que uma empresa oferece aos consumidores. Nesse contexto, a identificação refere-se à capacidade dos consumidores de reconhecerem e associarem uma marca específica a determinados atributos ou características. Já a diferenciação envolve a habilidade da marca de se destacar das demais opções disponíveis no mercado. Pois como diz Keller e Machado (2006), as marcas são um meio rápido de simplificar as decisões de produto de um consumidor.

A identificação de uma marca ocorre quando os consumidores conseguem reconhecê-la de forma fácil e eficiente. Isso pode ser alcançado por meio de elementos visuais distintos, como logotipos, cores, tipografia e embalagens. Além disso, uma marca também pode ser identificada por meio de elementos sonoros, como *jingles* ou slogans memoráveis. Um exemplo clássico de identificação de marca é o logotipo da Nike, conhecido mundialmente pelo famoso "swoosh".

Figura: Símbolo da Nike

Fonte: https://about.nike.com/en/company

A diferenciação, por sua vez, é a capacidade de uma marca se destacar entre seus concorrentes. Isso pode ser alcançado por meio de uma proposta de valor única, que envolve aspectos como qualidade do produto, atendimento ao cliente, inovação, posicionamento no mercado e experiência do consumidor. A diferenciação bem-sucedida cria uma vantagem competitiva para a marca, tornando-a mais atraente e relevante para os consumidores.

É importante ressaltar que a identificação e diferenciação das marcas são processos contínuos. As preferências dos consumidores e as tendências de mercado estão sempre evoluindo, exigindo que as marcas se adaptem e se reinventem constantemente. As empresas que conseguem estabelecer uma identidade forte e se destacar da concorrência têm mais chances de conquistar a lealdade dos consumidores e garantir seu sucesso a longo prazo.

Outro ponto a ser destacado sobre a importância das marcas para os consumidores é o que diz respeito a confiança e a qualidade, aspectos que estão intimamente ligados. As marcas estabelecidas e conhecidas geram confiança nos consumidores. Quando os consumidores confiam em uma marca, eles se sentem mais seguros em relação à qualidade e desempenho do produto ou serviço. Marcas com reputação sólida tendem a ter uma vantagem competitiva, pois os consumidores estão dispostos a pagar mais por produtos de marcas confiáveis. Os consumidores estão cada vez mais exigentes e criteriosos na hora de escolherem produtos e serviços, buscando marcas que possam oferecer segurança, credibilidade e excelência. Neste contexto, a qualidade desempenha um papel fundamental, pois está diretamente relacionada à confiança que os consumidores depositam em uma marca.

A confiança é construída ao longo do tempo de relacionamento entre marcas e consumidores e é baseada em uma combinação de fatores, como a sua reputação, a experiência proporcionada, as avaliações e recomendações de outros consumidores, a consistência na entrega de produtos ou serviços de qualidade, entre outros. E por fim, uma marca que quer gerar confiança deve demonstrar que é capaz de atender às expectativas dos seus consumidores.

Por outro lado, a qualidade dos produtos ou serviços de uma marca é um dos principais impulsionadores da confiança do consumidor. Os consumidores esperam que as marcas ofereçam produtos ou serviços que sejam confiáveis, duráveis, seguros e que atendam às suas necessidades. Quando uma marca oferece consistentemente produtos ou serviços de alta qualidade, ela ganha a confiança dos consumidores e é percebida como uma marca confiável.

Além disso, a qualidade também desempenha um papel importante na construção da reputação de uma marca. As marcas que são reconhecidas por sua qualidade têm mais chances de serem recomendadas por clientes satisfeitos e de receberem avaliações positivas. Por outro lado, quando a qualidade de uma marca é percebida como baixa, isso pode resultar em perda de confiança e reputação negativa, o que pode ter um impacto significativo nos negócios.

Em resumo, em mercados altamente competitivos como os que temos atualmente, onde os consumidores têm acesso a uma ampla gama de opções, a confiança e a qualidade das marcas desempenham um papel crucial na escolha do consumidor. Aqueles que conseguem estabelecer uma reputação de confiança e fornecer produtos ou serviços de alta qualidade têm mais chances de obter sucesso a longo prazo e de construir relacionamentos duradouros com os consumidores.

Figura: Símbolo Google

Fonte: https://transparency.google/

Google: A marca Google se tornou sinônimo de busca *online*. Ela é confiável e associada a resultados relevantes e precisos. Os consumidores confiam na marca para obter informações e solucionar problemas.

O terceiro ponto a ser explorado como importância das marcas para os consumidores é a identidade e autoexpressão. A relação entre marcas e consumidores é um fenômeno complexo e multidimensional que envolve não apenas aspectos funcionais e utilitários, mas também emocionais e psicológicos. Uma das dimensões mais importantes dessa relação é a influência das marcas na identidade e autoexpressão dos consumidores. As marcas desempenham um papel na formação da identidade pessoal dos consumidores. Por meio do consumo de determinadas marcas, os consumidores expressam seus valores, estilo de vida, preferências e identidade social. As marcas podem se tornar parte integrante da vida do consumidor e da forma como ele se vê e é percebido pelos outros.

Para entender como se dá essa relação é importante compreender que a identidade é um constructo multidimensional que abrange aspectos pessoais, sociais e culturais, refletindo a percepção que uma pessoa tem de si mesma e de como ela é percebida pelos outros. Já a autoexpressão refere-se à capacidade de expressar a identidade pessoal de forma autêntica e significativa, comunicando características, valores e preferências por meio de comportamentos, escolhas e aparência.

Desta forma, as marcas podem funcionar como símbolos que representam e comunicam certas identidades, permitindo aos consumidores construírem narrativas sobre si mesmos e transmitir mensagens simbólicas aos outros. Eles podem se identificar com marcas que refletem seus valores, aspirações e pertencimento a grupos sociais específicos, buscando uma afinidade emocional e uma sensação de pertencimento. Assim, os produtos e serviços associados a uma marca podem ser utilizados como ferramentas de autoexpressão, permitindo aos consumidores transmitirem sua identidade e estilo de vida através das escolhas de consumo. Além disso, as marcas que valorizam a autenticidade e a individualidade podem capacitar os consumidores a expressarem sua singularidade, promovendo um senso de empoderamento.

Analisando por um ponto de vista mais macro, as marcas também podem ter associações a grupos sociais, pois podem criar comunidades em torno de si, com os quais os consumidores se sentem parte de um grupo com interesses e valores compartilhados, fortalecendo a identidade coletiva.

Em resumo, as marcas desempenham um papel significativo na formação e expressão da identidade individual e coletiva dos consumidores, permitindo-lhes comunicar quem são, no que acreditam e com quem se identificam. Compreender esse aspecto é essencial para as marcas que desejam estabelecer conexões autênticas e duradouras com os consumidores, reconhecendo a importância de oferecer opções que permitam a expressão da identidade pessoal e o senso de pertencimento a comunidades específicas.

Foto de Yvon Chouinard, fundador da Patagônia

https://www.patagonia.com/ownership/

Patagonia: A marca Patagonia é conhecida por seu compromisso com a sustentabilidade e o ativismo ambiental. Eles promovem valores como preservação ambiental, comércio justo e responsabilidade social. Isto em função das iniciativas de seu fundador Yvon Chouinard, alpinista que pensou em vender suas roupas. Os consumidores que optam por roupas Patagonia, muitas vezes, compartilham esses valores e veem a marca como uma extensão de seu compromisso com o meio ambiente.

2.3   O que é marca e os benefícios do seu uso para as empresas

Como visto até aqui, a marca é um conceito essencial no cenário empresarial atual, desempenhando um papel fundamental na construção de identidade, percepção e posicionamento das empresas no mercado. Mas segundo Aaker(1999) em uma publicação da revista HSM Management, as origens dos estudos sobre o conceito de marca se dão apenas na segunda metade do século XX, sugerindo o renomado publicitário David Ogilvy (e um dos fundadores de uma das principais agências de publicidade do mundo, a Standard Ogilvy & Mather) como o pioneiro a discorrer sobre o assunto, considerando as marcas como ativos importantes das organizações. Foi apenas a partir da década de 1980, de acordo com o referido artigo, é que o conceito de *Branding* começou a ser considerado, interpretado e analisado pelos profissionais da área, e desenvolvido por teóricos especializados. Aaker (2015) considera que esse interesse se deu, em grande parte, devido ao aumento significativo de fusões e aquisições de empresas na época, que forneceram uma evidência inquestionável da importância das marcas no momento de fechar contratos e determinar o valor das transações.

Inicialmente, o *Branding* era centrado principalmente em elementos visuais, como logotipos, cores e designs de embalagens. No entanto, à medida que as empresas perceberam a importância de construir uma imagem consistente e gerar valor percebido, este expandiu-se para além dos aspectos visuais.

Assim, o *Branding* passou a incorporar a gestão da reputação da marca, a criação de uma personalidade de marca, a definição de valores e propósito da empresa, bem como a experiência do cliente. As empresas começaram a se concentrar não apenas nos produtos ou serviços que ofereciam, mas também na história, nos valores e na promessa que transmitiam aos consumidores, e desta forma o próprio conceito de marca evoluiu. Para Tavares (2008), *Branding* nos dias atuais pode ser entendido como a administração ou gestão das marcas e suas relações com seus consumidores e demais públicos de uma empresa, fortalecendo-a e valorizando-a como um diferencial competitivo.

Mas afinal, como conceituar marca, uma vez considerada sua importância para o mundo dos negócios? O conceito de marca é multifacetado e tem sido abordado por diversos autores ao longo do tempo. A seguir, serão exploradas diferentes perspectivas sobre o significado da marca em diversas dimensões.

2.3.1 Marca como Logomarca

De acordo com pesquisas feitas por Leslie de Chernatony (Baker, 2005) a interpretação mais comum da marca é como uma logomarca, ou seja, a representação visual de uma empresa ou produto. A logomarca é o símbolo gráfico que identifica uma empresa, sendo geralmente composta por elementos como cores, formas e letras únicas. É por meio da logomarca que uma empresa pode ser reconhecida e diferenciada das demais no mercado. Kotler (2006) também cita a definição clássica da American Marketing Association (AMA), conectando o uso a logomarca:

> "... um nome, termo, símbolo ou desenho, ou combinação desses elementos, para identificar bens ou serviços de uma empresa ou grupo de empresas e diferenciá-los dos bens ou serviços dos seus concorrentes."

Essa definição ressalta a importância de atributos distintivos que permitem à marca se destacar no mercado. Pois a logomarca é a representação visual que comunica a essência, os valores e a personalidade da marca de forma distintiva e memorável. Ela é mais do que apenas um símbolo gráfico; é uma peça fundamental no universo da identidade visual e da estratégia de marketing de uma empresa.

A criação de uma logomarca requer pesquisa, planejamento e criatividade. É um processo iterativo, onde várias ideias são testadas, refinadas e avaliadas até que se chegue a uma versão final que melhor capture a essência da marca.

Uma vez estabelecida, a logomarca deve ser protegida e utilizada consistentemente em todos os pontos de contato com o público. Ela se torna o elemento unificador que vincula todas as atividades da marca, criando uma identidade sólida e reconhecível em um mercado competitivo. Como exemplo podemos citar uma das marcas mais famosas do mundo em termos de grafia, cores e formas: a Coca-Cola, que usa até mesmo do desenho de sua garrafa para criar identificação e diferenciação para os consumidores.

Figura: Evolução das garrafas e da logo da Coca-Cola.

Fonte: https://www.coca-colacompany.com/about-us/history/the-history-of-the-coca-cola-contour-bottle

Em resumo, a logomarca é muito mais do que apenas uma imagem. Ela é a personificação visual de uma empresa ou produto, transmitindo valores, qualidade e credibilidade. Investir na criação de uma logomarca distintiva e significativa é um passo crucial para se destacar no mercado e construir uma conexão duradoura com os clientes.

2.3.2 Marca como Ferramenta Legal

A marca também é uma ferramenta legal importante para proteger os direitos de propriedade intelectual de uma empresa. Ao registrar uma marca, a empresa garante o direito exclusivo de uso daquele nome ou logomarca no mercado em que atua. Esse registro protege a marca contra uso não autorizado por terceiros, evitando a concorrência desleal e preservando o valor e a reputação da marca.

Desta forma, ao registrar uma marca, a organização assegura um direito exclusivo de utilização daquele nome, logotipo ou design específico no mercado em que atua. Esse registro legal concede à empresa a propriedade da marca, o que implica que nenhum outro negócio pode utilizar essa mesma marca de maneira similar ou idêntica, evitando assim confusão entre os consumidores e protegendo os investimentos da empresa em sua identidade de marca.

A marca registrada funciona como uma barreira legal contra a concorrência desleal e o uso não autorizado por terceiros, as temidas cópias. Isso impede que outras empresas ou pessoas utilizem a marca de forma inapropriada ou indevida, seja para se beneficiar indevidamente da reputação construída pela empresa ou para criar uma imagem de similaridade com a marca original para tirar proveito indevido da popularidade dela.

Além de proteger a marca contra o uso não autorizado, o registro legal da marca confere à empresa o direito de reivindicar danos ou buscar compensações em caso de violação ou infração da marca. Essa proteção legal é essencial para resguardar o valor da marca e a reputação construída ao longo do tempo. A reputação da marca é um ativo intangível valioso para a empresa, pois é responsável por estabelecer uma conexão emocional e de confiança com os consumidores. Portanto, preservar essa reputação é importante para o sucesso contínuo do negócio.

O registro de marca também oferece à empresa um mecanismo de defesa em situações de disputa sobre a propriedade da marca. Em casos de conflito, o registro da marca é uma evidência legal sólida para comprovar a titularidade da empresa sobre a marca em questão. Dessa forma, a marca registrada se torna uma aliada no ambiente competitivo e dinâmico dos negócios, oferecendo uma proteção abrangente e duradoura para a identidade e a imagem da empresa.

2.3.3 Marca como empresa

Outra interpretação da marca é como sinônimo da própria empresa. Nesse contexto, a marca representa todos os valores, produtos, serviços e reputação associados à empresa. É a percepção geral do público em relação à empresa e como ela é vista no mercado. A marca corporativa é construída ao longo do tempo por meio de estratégias de marketing, comunicação e experiência do cliente.

Neste contexto, Chernatony (Baker, 2005) considera que gerenciar internamente uma marca (como sinônimo de empresa) diz respeito a gerenciar sua própria cultura, enquanto gerenciar externamente diz respeito a gerenciar sua interface com os clientes. Assim, o chamado *branding* corporativo diminui o esforço para a gestão de marcas de linhas de produtos e apresenta um foco muito mais estratégico e direcionado ao posicionamento da empresa.

2.3.4 Marca como posicionamento

A marca também pode ser entendida como o posicionamento estratégico de uma empresa no mercado. Nessa perspectiva, a marca representa a imagem que a empresa deseja projetar para seus clientes e a forma como ela se diferencia dos concorrentes. O posicionamento da marca está relacionado aos valores, à personalidade e à promessa da empresa, que visam atrair e fidelizar determinado público-alvo. Ele busca identificar o que torna a empresa única e como ela pode oferecer valor único aos seus clientes. Isso pode estar relacionado a produtos ou serviços inovadores, uma experiência do cliente excepcional, valores distintos ou outras características exclusivas.

2.3.5 Marca como personalidade

Por fim, a marca também pode ser vista como uma entidade com características e personalidade própria. Por meio da construção de uma "personalidade de marca", a empresa humaniza seus valores, criando uma conexão emocional com os consumidores. Essa personalidade pode ser expressa em campanhas de marketing, comunicação e na forma como a empresa interage com seus clientes.

Em resumo, conforme cita Tavares (2008), as marcas podem ser compostas por nomes, palavras, expressões, desenhos ou figuras, podem ser nominais, emblemáticas, únicas ou combinadas, mas não se limitam a isso. As marcas sintetizam as características, valores, atributos e promessas de benefícios, além de associações primárias e secundárias de produtos, serviços, locais, empresas entre outros. Ou seja, a marca é um conceito versátil que pode ser interpretado de várias maneiras. Seja como logomarca, ou de outra maneira, a marca desempenha um papel crucial na construção da identidade e no sucesso de uma empresa no mercado competitivo. Em um ambiente altamente competitivo, onde os consumidores têm acesso a uma infinidade de opções, a marca se torna um fator decisivo na escolha dos produtos ou serviços.

Sendo assim, marca é um poderoso meio de comunicação que permite às empresas transmitirem seus valores, propósitos e promessas aos consumidores. Uma marca bem estabelecida cria um vínculo emocional com o público-alvo, gerando confiança, fidelidade e engajamento. Além disso, uma marca forte ajuda a reduzir a sensibilidade ao preço, pois os consumidores estão dispostos a pagar mais por produtos ou serviços associados a uma marca com a qual se identificam.

No cenário digital e das redes sociais do mundo contemporâneo, a relevância da marca se torna ainda mais evidente. As mídias sociais oferecem um canal direto de interação entre as empresas e os consumidores, permitindo que as marcas construam relacionamentos mais próximos e personalizados. Uma boa gestão de marca nas redes sociais pode aumentar significativamente o alcance e a visibilidade de uma empresa, impactando positivamente sua reputação e credibilidade.

PERGUNTAS PARA EXPLORAR A COMPREENSÃO:

- Você poderia explicar como as marcas surgiram historicamente e como o conceito de marca evoluiu ao longo do tempo?
- Qual é a relevância das marcas na vida dos consumidores? Como as marcas influenciam as decisões de compra e a construção da identidade dos consumidores?
- Poderia elaborar sobre a definição de uma marca? Além disso, quais são os benefícios que as empresas obtêm ao utilizar uma marca em suas estratégias de negócios?
- Como as logomarcas são percebidas? Qual é o papel de uma logomarca na identificação de uma marca e na comunicação com os consumidores?
- Em que medida as marcas são consideradas ferramentas legais no ambiente acadêmico? Quais são os aspectos jurídicos envolvidos na proteção de marcas?
- Poderia discutir a perspectiva de marca como uma representação da empresa? Como as empresas constroem e mantêm a imagem de sua marca como parte de sua identidade corporativa?
- Qual é o papel da marca no posicionamento de uma empresa no mercado? Como as estratégias de posicionamento de marca são estudadas na academia?
- Como as marcas podem ser relacionadas à personalidade? Há estudos que exploram a associação entre as características da marca e as características da personalidade?

RESUMO

A história das marcas remonta a civilizações antigas, onde marcas eram usadas principalmente para identificar a origem de produtos e autenticar sua qualidade. No entanto, a concepção moderna de marca começou a se desenvolver durante a Revolução Industrial, quando a produção em massa e a concorrência crescente tornaram essencial diferenciar produtos. Marcas começaram a ser utilizadas como símbolos distintivos associados à qualidade e confiabilidade. Ao longo do tempo, o conceito de marca evoluiu para incluir elementos emocionais e simbólicos, tornando-se um ativo estratégico para as empresas na construção de relacionamentos com os consumidores.

As marcas desempenham um papel fundamental na vida dos consumidores. Elas oferecem uma maneira de identificar produtos e serviços, reduzindo a incerteza e facilitando a escolha. Além disso, as marcas estabelecem conexões emocionais com os consumidores, criando lealdade e confiança. Para os consumidores, as marcas representam valores, estilo de vida e identidade pessoal. Elas também simplificam o processo de tomada de decisão, pois os consumidores frequentemente escolhem marcas familiares em vez de explorar opções desconhecidas. Portanto, as marcas desempenham um papel significativo na satisfação e fidelização dos consumidores.

Uma marca transcende a mera composição de um logotipo ou a escolha de um nome; ela constitui uma representação de uma empresa e todas as ideias, valores e atributos que esta encarna. Ela engloba a identidade, valores, missão e visão da organização. A marca é uma ferramenta estratégica que oferece vários benefícios. Em primeiro lugar, ela diferencia uma empresa e seus produtos ou serviços da concorrência, criando uma vantagem competitiva. Além disso, uma marca forte pode justificar preços mais altos, pois os consumidores estão dispostos a pagar por qualidade e confiabilidade. A marca também simplifica a expansão de produtos ou serviços, pois uma marca estabelecida já possui reconhecimento e credibilidade.

Em resumo, as marcas têm uma longa história de evolução, desempenham um papel vital na vida dos consumidores e oferecem benefícios que vão além da identificação visual, abrangendo aspectos legais, identidade corporativa, posicionamento estratégico e conexões emocionais. Elas são elementos fundamentais no mundo do marketing e da gestão de produtos.

REFERÊNCIAS

AAKER, David A. **O poder da marca.** HSM Management. fev-mar/1999.

AAKER, David. **On Branding.** São Paulo: Grupo A, 2015. *E-book.* ISBN 9788582603222. Disponível em: https://integrada.minhabiblioteca.com.br/#/books/9788582603222/. Acesso em: 19 jul. 2023.

BAKER, M. J. **Administração de Marketing.** Rio de Janeiro. Elsevier. Editora Campus. 2005.

KELLER, K. L. e MACHADO, M. **Gestão estratégica de marcas.** São Paulo: Pearson Prentice Hall, 2006.

KOTLER, P.; KELLER, K. L. **Administração de marketing.** 12. ed. São Paulo: Pearson, 2006.

TAVARES, M. C. **Gestão de marcas: construindo marcas de valor.** São Paulo: Harbra, 2008.

Capítulo 3

3. Propósito e Estratégia de marca

O propósito da marca tem se destacado como um elemento fundamental na estratégia de marketing e *branding* das empresas modernas. Este capítulo explora profundamente os conceitos-chave relacionados ao propósito de marca, ponto de partida para o *branding*, concentrando-se em dois pontos cruciais: a percepção dos consumidores e as decisões da empresa.

Entender a marca sob a percepção dos consumidores é essencial para compreender como eles a interpretam e interagem. Pode-se examinar como a marca é percebida em termos de simbolismos e valores para o público-alvo. Ao analisar esta perspectiva, pode-se desvendar as preferências e as emoções dos consumidores em relação a uma marca, o que é vital para o sucesso de qualquer estratégia de *branding*.

Por outro lado, entender as decisões de marca na percepção da empresa concentra-se na perspectiva interna da organização. Aqui avalia-se como a empresa define e comunica sua própria visão, missão e valores, alinhando-os com o propósito da marca. Esta perspectiva influencia diretamente a identidade da marca e a forma como a empresa se posiciona no mercado. Uma congruência sólida entre a percepção interna e a externa da marca é um fator-chave para construir e manter uma marca forte e autêntica.

Além disso, o contexto do posicionamento de marca, será explorado como se identificar no mercado. O posicionamento estratégico é o processo de criar uma imagem única e relevante no mercado, e o propósito de valor desempenha um papel crucial nesse processo. Marcas fortes são aquelas que conseguem articular claramente seu propósito e valor para os consumidores, diferenciando-se de forma eficaz da concorrência.

Em complemento ao posicionamento serão abordadas estratégias que marcas fortes utilizam para comunicar e sustentar seu propósito de valor ao longo do tempo.

Ao longo deste capítulo, serão explorados esses conceitos em profundidade, fornecendo uma base sólida para compreender como as marcas podem desenvolver, comunicar e manter um propósito de valor autêntico e impactante. Compreender esses modelos e estratégias é fundamental para qualquer profissional de *branding* que busca construir marcas duradouras e significativas no mundo altamente competitivo de hoje.

3.1 Propósito de marca (*Brand Purpose*)

O propósito de marcas é um conceito fundamental no campo das discussões sobre como gerenciar uma marca, que busca ir além da simples comercialização de produtos ou serviços, procurando estabelecer uma conexão mais profunda entre a marca e seus consumidores.

O propósito de marcas refere-se à razão fundamental pela qual uma marca existe, que vai além de simplesmente obter lucros. Ele envolve a definição clara dos valores, missão e visão da marca, e como ela pretende impactar positivamente a vida dos seus consumidores e a sociedade como um todo. Em essência, o propósito de uma marca é o seu compromisso com uma causa maior.

Esse conceito parte de uma evolução ocorrida no próprio marketing. A história do marketing pode ser dividida em várias eras, e uma das figuras mais influentes nessa evolução é Philip Kotler, renomado acadêmico na área. Kotler descreveu essa progressão em seu livro "Administração de Marketing", que se tornou um marco na disciplina. A primeira delas, muitas vezes chamada de Marketing 1.0, estava centrada na produção. Essa Era prevaleceu até meados do século XX. As empresas se concentravam na produção eficiente e na qualidade do produto. A ideia era que um bom produto se venderia por si só. Com o tempo, as empresas perceberam a importância de entender as necessidades e desejos dos consumidores, chegando a fase do marketing 2.0. Kotler desempenhou um papel fundamental ao introduzir o conceito de marketing orientado para o consumidor. Isso envolveu pesquisas de mercado, segmentação de público-alvo e criação de mensagens direcionadas. A evolução do marketing continuou com o Marketing 3.0, um conceito que foi apresentado por Kotler em seu livro "Marketing 3.0: As Forças que Estão Definindo o Novo Marketing Centrado no Ser Humano" (2010). Neste estágio, o marketing vai além dos produtos e consumidores para enfocar valores e propósito. As empresas não apenas buscam atender às necessidades dos consumidores, mas também se concentram em causas sociais, ambientais e culturais. O marketing 3.0 promove a empatia, a responsabilidade social e a conexão emocional entre a marca e o consumidor.

Nos dias atuais, o Marketing 3.0 continua a evoluir. A tecnologia desempenhou um papel importante na maneira como as empresas se envolvem com os consumidores. E apesar de outras ideias continuarem a ser incorporadas ao conceito de marketing (dando sequência ao Marketing 4.0 e até 5.0), a ideia de propósito não foi abandonada e se tornou bastante relevante também para o conceito de *branding*.

Desta forma, ao se pensar em uma organização contemporânea é natural que se pense em sua marca e em qual o seu propósito. O seu conceito é uma abordagem estratégica adotada por organizações para definir e comunicar sua razão de existir. É uma declaração que descreve o impacto positivo que a empresa busca causar no mundo e como ela pretende contribuir para a sociedade.

A marca Dove apresenta um dos exemplos mais notáveis de propósito de marca, amplamente reconhecido tanto por especialistas da indústria quanto pelos próprios consumidores. A sua abordagem transcende a mera comercialização de produtos, como sabão ou produtos capilares perfumados, e se concentra em uma missão mais ampla e significativa.

O propósito fundamental da marca Dove é o de promover e aprimorar a confiança das mulheres em todo o mundo. Essa missão é embasada na identificação da baixa autoestima que muitas mulheres enfrentam e no compromisso de enfrentar esse desafio de frente. A empresa compreende que a confiança é um fator essencial no bem-estar e no empoderamento das mulheres, e, portanto, busca ser uma aliada nesse processo.

Figura: Dove

Fonte: https://www.dove.com/br/historias-Dove/campanhas/retratos-da-real-beleza.html

Dove utiliza o seu propósito de marca de várias maneiras para fortalecer a sua posição no mercado:

Campanhas de Marketing Inspiradoras: A marca cria campanhas publicitárias que destacam a diversidade e a beleza em todas as suas formas. Essas campanhas não apenas promovem os produtos Dove, mas também elevam a autoestima das mulheres ao mostrar que a beleza está em todas elas.

Programas de Educação e Conscientização: Dove não se limita ao marketing. A empresa realiza programas educacionais que abordam questões de autoestima e confiança. Eles fornecem recursos e ferramentas para ajudar as mulheres a se sentirem melhores consigo mesmas.

Colaborações Significativas: Dove estabelece parcerias com organizações que compartilham os mesmos objetivos de empoderamento das mulheres. Isso não apenas fortalece a sua mensagem, mas também amplia o alcance e o impacto das suas iniciativas.

Transparência e Autenticidade: A empresa se compromete com a transparência em relação aos ingredientes dos seus produtos e às suas práticas de negócios. Isso reforça a confiança dos consumidores na marca e demonstra que ela está comprometida com os valores que prega.

Feedback e Evolução Constante: Dove ouve atentamente o feedback dos consumidores e se adapta para atender às suas necessidades e expectativas em relação a produtos e mensagens.

Ao adotar esse propósito de marca centrado na melhoria da autoestima das mulheres, Dove estabelece uma conexão emocional com os consumidores, tornando-se mais do que apenas uma marca de produtos de higiene pessoal. Ela se torna uma aliada na jornada das mulheres em busca de autoconfiança, o que, por sua vez, a fortalece no mercado, impulsionando a fidelidade do cliente e sua posição como uma marca verdadeiramente influente e inspiradora.

O propósito de uma marca é uma declaração que vai além da missão e visão tradicionais de uma empresa. Enquanto a missão se concentra no que a empresa faz e a visão descreve seu futuro desejado, o propósito de uma marca se concentra no "porquê" da empresa, ou seja, qual é o propósito mais profundo que a motiva a existir. Ele responde à pergunta: "Qual é o impacto positivo que a empresa busca criar no mundo?"

Um dos pioneiros na promoção da noção de propósito da marca foi Simon Sinek, autor do livro "Comece com o Porquê". Por ele, o propósito da marca pode assumir dimensões políticas, éticas ou morais, oferecendo uma alternativa para aqueles que buscam tomar decisões de compra alinhadas com um estilo de vida específico. Alternativamente, pode ser orientado pelos resultados, como exemplificado pela redefinição das diretrizes para superar limitações e atingir os mais elevados padrões possíveis.

Simon Sinek (2018) simplifica conceitos por meio de sua teoria do "Círculo Dourado", onde o "porquê" reside no núcleo, circundado pelo "como" e, por fim, pelo "o quê".

O "PORQUÊ" representa o propósito último, o "COMO" engloba táticas, metas e estratégias, e "O QUE" abrange as atividades cotidianas.

Sinek (2018) argumenta que a maioria das pessoas compreende "O QUE" que fazem, algumas compreendem "COMO" fazem, mas bem poucas realmente conseguem articular o "PORQUÊ" subjacente que motiva suas ações.

Esta abordagem sobre "o que" e "como" uma marca vai oferecer ao seu mercado é o que, em geral, outros autores chamam de proposta de valor. A proposta de valor de uma marca é a promessa de benefícios que uma empresa faz aos seus clientes. Ela é tangível, pois pode ser percebida e medida pelos clientes. A proposta de valor inclui todos os pontos de contato que um cliente tem com a marca, desde o conhecimento da marca até a experiência de uso do produto ou serviço.

Uma proposta de valor forte deve responder a duas perguntas:

- O que a empresa faz? A resposta a essa pergunta deve ser clara e concisa, e deve comunicar o que a empresa oferece aos seus clientes.

- Como isso acontece? A resposta a essa pergunta deve explicar como a empresa oferece os benefícios prometidos.

Mas definir apenas a proposta de valor, hoje não é mais o suficiente. Pois, como já dito, é necessário que as marcas estabeleçam seu propósito de marca. E alguns pontos de atenção precisam ser levados em consideração quando no processo de planejamento estratégico da organização se chega ao momento de se decidir sobre seu propósito.

A primeira reflexão é sobre sua autenticidade. O propósito da marca deve ser autêntico e refletir os valores e a cultura da organização. Qualquer tentativa de criar um propósito de marca apenas por razões de venda pode ser percebida como oportunista e prejudicar a reputação da empresa.

Por isso, outro ponto trata do impacto tangível da marca. Um propósito de marca eficaz não é apenas uma declaração vazia. Deve ser acompanhado por ações concretas que demonstrem o compromisso da empresa em realizar seu propósito.

E por fim, o propósito de marca diz respeito ao seu alinhamento com os valores do público-alvo. Deve-se conhecê-los muito bem para entender seus anseios e desejos. E o propósito de marca deve ressoar com os valores e interesses do público-alvo da empresa. Isso cria uma conexão emocional mais forte entre a marca e seus clientes. Desta forma, um propósito de marca que gere resultados de reconhecimento e lembrança por parte dos consumidores a torna forte. E essa relação positiva pode tornar a organização também mais valiosa.

Nos últimos anos tem-se notado a crescente relevância do conceito de *Brand Purpose* (propósito de marca) no contexto de produtos e serviços. Os estudiosos da área têm sustentado que as marcas orientadas por um propósito específico estão se estabelecendo como atores proeminentes em relação a questões contemporâneas, que são altamente valorizadas por indivíduos que pertencem às últimas gerações. Isso se deve ao fato de que essas marcas demonstram uma notável capacidade de sintonia com o ambiente em que operam, adotando uma postura ativa e adaptativa, em contraposição a uma abordagem passiva e observadora.

Além disso, a existência de um propósito claramente definido e alinhado com valores compartilhados com seus públicos-alvo confere às marcas uma vantagem competitiva substancial. Isso não apenas motiva esses segmentos de consumidores a se engajarem mais profundamente com uma marca, mas também os incentiva a investir em produtos e serviços de uma marca que demonstre um compromisso genuíno em ouvir e reagir às suas necessidades e preocupações.

Nesse contexto, as marcas orientadas para um propósito não são meros observadores passivos do ambiente em que atuam. Pelo contrário, elas desempenham um papel ativo na formação das discussões e na solução de desafios sociais, culturais e ambientais. Essa postura pró-ativa estabelece uma conexão significativa com os consumidores, que valorizam cada vez mais a autenticidade e a responsabilidade social das marcas com as quais optam por se identificar e apoiar.

3.2 Marca na percepção dos consumidores

Como já dito anteriormente, em um mercado cada vez mais competitivo, as marcas se tornaram um elemento essencial para a diferenciação e o sucesso das empresas. Além disso, as marcas são mais do que apenas nomes ou logotipos; elas representam um conjunto de atributos e promessas que influenciam a decisão de compra dos consumidores. Pode-se dizer que aos olhos do consumidor, uma marca pode ser um instrumento de reconhecimento de um conjunto de associações e valores que os representem. Isto porque, a percepção que eles têm sobre as marcas é o que pensam e sentem sobre elas, com base nas interações vividas.

Essa percepção sobre a marca é formada a partir de uma série de fatores. Um deles seriam as experiências que os consumidores têm com um produto ou serviço e que influenciam diretamente sua percepção da marca. Por exemplo, um consumidor que tem uma experiência positiva com um produto de uma marca terá uma percepção mais positiva dessa marca. A comunicação que a marca possui com o mercado também é outro fator. Ela inclui campanhas de publicidade e relações públicas, além de outros meios como a promoção de vendas, venda pessoal que também influenciam a percepção dos consumidores. A comunicação da marca deve ser consistente com a sua identidade para que seja eficaz na construção de uma percepção positiva. E por fim, outro fator importante são as associações que os consumidores fazem com uma marca que também influenciam sua percepção. Por exemplo, uma marca que é associada a um estilo de vida ou a um grupo social específico terá uma percepção mais positiva para os consumidores que se identificam com esse estilo de vida ou grupo social.

Sendo assim, a percepção de um consumidor acerca de uma marca se deve aos aspectos simbólicos que o consumo apresenta e as associações que são criadas a partir dele. Estes desempenham um papel fundamental no processo. Nesse contexto, a marca não é apenas um produto, mas também um símbolo que os consumidores utilizam para expressar sua identidade, valores e pertencimento social ao longo da vida. Em outras palavras, as pessoas compram não apenas o que um produto ou marca faz, mas o que ele significa. Os consumidores são influenciados por uma variedade de fatores, sendo as relações que estabelecem com as marcas e o simbolismo associado a essas marcas um dos elementos mais significativos na sua decisão de compra.

Há que se relatar também que os consumidores criam conexões emocionais com as marcas que se alinham aos seus valores, crenças e identidade pessoal. Quando uma marca incorpora o simbolismo desejado, os consumidores se sentem mais atraídos e motivados a escolher os produtos ou serviços dessa marca. Isso cria um ciclo virtuoso em que as relações fortalecem o simbolismo, e o simbolismo fortalece as relações.

Por isso, consumidores muitas vezes escolhem marcas que refletem quem são ou quem desejam ser. Isto porque, como explica Tavares (2008), os bens materiais desempenham um papel significativo na construção de categorias simbólicas que estabelecem distinções entre indivíduos e grupos na sociedade. Pela perspectiva antropológica, esses bens não são meramente utilitários; eles também atuam como veículos de expressão da cultura. E é importante lembrar que tais expressões culturais não são homogêneas, mas sim possuem particularidades que evoluem juntamente com as mudanças que ocorrem na vida das pessoas.

Para ilustrar a influência das relações e do simbolismo nas escolhas do consumidor, considere o caso da marca Nike. A Nike não é apenas uma fabricante de calçados esportivos, mas uma marca que promove a ideia de superação, conquista e desafio. Os consumidores que se identificam com esses valores tendem a escolher os produtos da Nike, não apenas pela qualidade, mas também porque a marca representa algo que ressoa com eles. Além disso, por conta dos valores cobrados pelos produtos, a marca pode significar também símbolo de status para camadas de população sem o poder aquisitivo suficiente para adquirir um bem.

A partir deste olhar, o conceito do *"self estendido"*, proposto por Russell W. Belk em 1988, é uma perspectiva intrigante, pois desafia a visão convencional do consumidor como um ente separado dos produtos que adquire e dos objetos que o cercam. Em vez disso, Belk (1988) argumenta que os bens de consumo não são meramente entidades externas, mas uma extensão do eu do consumidor.

Para compreender o *"self estendido"*, é essencial considerar que, sob essa ótica, os objetos que os indivíduos possuem e utilizam se tornam parte integrante de sua identidade. Essa ideia desloca a compreensão tradicional do consumidor como um agente passivo que adquire produtos para atender a necessidades funcionais ou status social. O *"self estendido"* sugere que as escolhas de consumo são atos de autoexpressão e autodefinição.

A proposta de Belk tem implicações profundas no campo do *branding*. Por esta visão, reforça-se a ideia de que as marcas não são apenas produtos; elas se tornam símbolos de identidade pessoal. E os consumidores, assim, escolhem marcas que se alinham com a imagem que desejam projetar de si mesmos. Isso cria uma oportunidade significativa para as empresas, que podem criar conexões emocionais duradouras com os consumidores ao compreender e promover essa relação entre os produtos e o *self*.

Desta forma, as associações que se tem sobre uma marca referem-se às ligações mentais que os consumidores fazem entre ela e suas características, atributos ou valores específicos. Estas associações podem ser criadas por meio de estratégias de *branding*, publicidade e experiências de consumo, uma vez que permite que as marcas se conectem de forma mais autêntica com seus consumidores, atendendo não apenas às suas necessidades materiais, mas também às suas necessidades simbólicas e culturais. Por meio de narrativas, imagens, cores e até mesmo celebridades endossando produtos, as marcas buscam se tornar símbolos de status, pertencimento ou autenticidade, e cada grupo de consumidor se conecta pelo que precisa naquele momento.

Além disso, no mundo digital, a influência das mídias sociais e das plataformas *online* é imensa. As redes sociais permitem que os consumidores compartilhem suas experiências com as marcas, criando uma camada adicional de significado. Isso pode tanto fortalecer a ligação emocional com a marca como desafiá-la, uma vez que as opiniões dos consumidores têm um impacto significativo na reputação das marcas.

Keller (2006) trabalhou bastante conceito de "associação de marca", destacando a importância de construir associações distintivas e relevantes para o sucesso da marca. Este assunto será destrinchado no capítulo 4, quando será tratado o modelo de Keller de identidade de marca.

3.3 Decisões de marca na percepção da empresa

A gestão de marcas no cenário contemporâneo é um desafio complexo e fundamental para a sustentabilidade e o sucesso das empresas. A percepção da marca pelos consumidores desempenha um papel crucial nesse contexto. Mas a maneira como as empresas determinam a presença de suas marcas no mercado também deve ser um passo importante no processo de *branding*. Por isso, nesta etapa identificar esses consumidores, definir seu posicionamento e direcionar estratégias são vitais.

A segmentação de mercado é uma das primeiras etapas para a construção de uma marca sólida. Compreender o público-alvo é essencial para direcionar os esforços de marketing de forma eficaz. Isto porque conforme explica Keller (2010) "diferentes consumidores podem ter diferentes estruturas de conhecimento da marca e diferentes percepções e preferências". Então ao escolher os segmentos de mercado em que a marca atuará, a empresa define o contexto em que será percebida. Isso afeta diretamente o posicionamento da marca, que deve ser consistente com as necessidades e desejos do público-alvo.

A escolha de como uma marca entra em um mercado também é crucial. A decisão de entrar em um mercado existente, criar um mercado ou expandir para mercados internacionais tem implicações significativas na percepção da empresa. Cada abordagem exige estratégias diferentes, que devem ser cuidadosamente alinhadas com a identidade e os valores da marca.

3.3.1 Segmentação de Mercado

A segmentação de mercado é um processo de divisão do mercado-alvo de uma empresa em grupos menores, com base em características, necessidades ou comportamentos comuns. É relevante para a gestão de marcas por diversos motivos, como a melhor compreensão do público-alvo, o foco em necessidades específicas e, consequentemente, maior eficiência no esforço de marketing.

O que quer dizer que a segmentação de mercado ajuda as empresas a entenderem melhor o seu público-alvo, identificando suas necessidades, desejos e comportamentos. Essa compreensão é essencial para o desenvolvimento de estratégias de marketing que sejam relevantes e eficazes. Ao mesmo tempo, ao segmentar o mercado, as empresas podem se concentrar nas necessidades específicas de cada grupo de consumidores. Isso permite que elas desenvolvam produtos e serviços mais adequados às expectativas do público-alvo. Da mesma forma que seus esforços de marketing serão direcionados de forma mais eficiente. Isso significa que elas podem alcançar seu público-alvo de forma mais eficaz, com menos desperdício de recursos.

Segundo Kotler (2006) existem diversos tipos de segmentação de mercado, que podem ser classificados de acordo com as características utilizadas para dividir o mercado. As principais variáveis que influenciam uma de segmentação de mercado são:

A. Segmentação Demográfica

A segmentação demográfica é uma das formas mais comuns de segmentação de mercado. Ela se baseia em características demográficas dos consumidores, como idade, gênero, renda, educação e estado civil.

Por exemplo, uma empresa de moda pode direcionar seus produtos de acordo com faixas etárias específicas, oferecendo roupas voltadas para adolescentes, adultos jovens e idosos.

B. Segmentação Geográfica

A segmentação geográfica leva em consideração a localização dos consumidores. Isso pode abranger desde segmentos de mercado regionais até segmentos internacionais. Uma cadeia de restaurantes, por exemplo, pode adaptar seu cardápio de acordo com as preferências culinárias de diferentes regiões do Brasil.

C. Segmentação Psicográfica

A segmentação psicográfica leva em conta os aspectos psicológicos e comportamentais dos consumidores. Ela se concentra em fatores como valores, interesses, estilo de vida e personalidade. Por exemplo, uma empresa que vende produtos de aventura pode segmentar seu mercado com base em consumidores que buscam emoções e experiências únicas.

D. Segmentação Comportamental

A segmentação comportamental analisa o comportamento de compra dos consumidores. Isso inclui fatores como frequência de compra, lealdade à marca, benefícios procurados e estágio de prontidão para compra. Uma empresa de telecomunicações, por exemplo, pode segmentar seu mercado com base na disposição dos clientes em adotar novas tecnologias.

Outras variáveis ainda podem interferir nas classificações de público como as necessidades específicas, o uso do produto ou o canal de compra.

Pode-se segmentar o mercado quando se foca nas necessidades específicas dos consumidores e nos problemas que buscam resolver. Por exemplo, no setor de cuidados com a pele, uma empresa pode segmentar seu mercado com base nas preocupações com acne, envelhecimento da pele ou higiene.

Ou ainda pode-se considerar o uso de produto ou como os consumidores usam um serviço. Por exemplo, uma empresa de smartphones pode segmentar seu mercado de acordo com o uso profissional, entretenimento ou produtividade.

Por fim, pode-se considerar também onde os consumidores preferem comprar produtos ou serviços. Isso é relevante, por exemplo, para varejistas que desejam segmentar seu mercado entre compradores de lojas físicas e compradores *online*.

Cada tipo de segmentação oferece uma perspectiva única sobre o mercado e permite que as empresas adaptem suas estratégias de marketing para atender às necessidades específicas de cada segmento. É importante notar que as empresas frequentemente combinam vários critérios de segmentação para criar segmentos mais refinados e precisos. A escolha dos tipos de segmentação adequados depende da natureza do produto ou serviço, do público-alvo e dos objetivos da empresa no mercado.

3.3.2 Posicionamento

Conforme acredita Keller (2006), é difícil desvincular as decisões de segmentos de público sem pensar também no mercado concorrente, isto porque essas esferas estão intimamente ligadas. O lugar que a marca ocupará na mente dos consumidores frente a seus concorrentes é uma decisão importante e deve ser trabalhada de forma planejada. Por isso o posicionamento de mercado é um conceito fundamental para a gestão de marcas. Um posicionamento bem-sucedido ajuda as marcas a se diferenciarem da concorrência, atrair e reter clientes e gerar valor para a empresa.

Em um mercado cada vez mais competitivo, é essencial que as marcas se destaquem das demais para serem notadas pelos consumidores. O posicionamento de marca ajuda as marcas a comunicarem seus diferenciais de forma clara e concisa, o que facilita a escolha dos consumidores.

Além disso, o posicionamento de marca ajuda as marcas a atraírem e reterem clientes. Quando os consumidores têm uma imagem clara da marca, eles estão mais propensos a comprar seus produtos ou serviços. O posicionamento de marca também ajuda as marcas a construírem relacionamentos fortes com os clientes, o que contribui para a retenção.

E por fim, o posicionamento de marca ajuda as marcas a gerarem valor para a empresa. Um posicionamento bem-sucedido pode levar a um aumento nas vendas, na participação de mercado e na rentabilidade.

Para que todo esse processo se desenrole é importante então que as marcas identifiquem por meio de pesquisas com seus consumidores pontos de paridade e diferença entre as marcas de um mesmo mercado, para analisar e impulsionar sua posição. Uma vez que, por posicionamento toma-se como Kotler (2006) diz "é a ação de projetar o produto e a imagem da empresa para ocupar um lugar diferenciado na mente do público-alvo".

Kotler (2006) e outros autores como Keller (2010) e Hooley, Saunders e Piercy (2001) concordam que é importante definir o posicionamento a partir do estudo das características de semelhança e diferença com o mercado. Assim, definem pontos de paridade (PP) como características, atributos ou associações semelhantes que uma marca compartilha com seus concorrentes em uma categoria de produtos ou serviços. Normalmente os consumidores veem esses pontos em categorias de produtos como essenciais para que um produto seja de qualidade e de confiança. Podem significar os critérios específicos, mas não necessariamente os únicos ou suficientes, para escolha de empresas no universo de tantas que existem.

Os pontos de paridade também desempenham um papel central na gestão de marcas, uma vez que estabelecem a credibilidade de uma marca em seu segmento de mercado. Eles criam um terreno comum para os consumidores, permitindo que eles entendam e comparem as marcas em uma categoria. Ao alinhar-se com PP, as marcas podem estabelecer a aceitação no mercado, o que é fundamental, especialmente para novas entrantes.

Esses pontos são cruciais em cenários em que a marca busca atrair uma base de clientes já estabelecida. Por exemplo, ao lançar um novo refrigerante, a marca pode adotar a mesma cor da embalagem utilizada pelos líderes do mercado. Isso cria um PP que facilita a entrada no mercado e a aceitação pelos consumidores.

Em contrapartida, Pontos de Diferença (PD) são características únicas e distintivas que definem uma marca e a destacam no mercado. Contudo, para se destacar verdadeiramente no mercado, a criação de pontos de diferença é imperativa. Kotler (2006) argumenta que, ao desenvolver PD, a marca cria uma vantagem competitiva sustentável. Essas características distintivas devem ser percebidas como valiosas pelos consumidores e únicas em relação aos concorrentes.

Os PD são o que impulsiona o posicionamento da marca na mente dos consumidores. Eles podem abranger desde características de produto até valores e missão da empresa. Por exemplo, a Havaianas construiu sua marca com base na diferenciação, destacando-se em um mercado de chinelos.

Case Havaianas

No contexto do mercado brasileiro, as Havaianas representam um caso interessante de *branding* e posicionamento de mercado. Para compreender os pontos de diferença da marca Havaianas em seu posicionamento de mercado, é necessário analisar vários fatores que contribuem para o seu sucesso e distinção.

Figura: Havaianas

Fonte: https://havaianas.com.br/historia-da-marca.html

A marca Havaianas é amplamente reconhecida por seus chinelos de borracha, e os principais pontos de diferença incluem:

Cultura e Identidade Brasileira: As Havaianas são profundamente associadas à cultura e identidade brasileira. A marca incorpora elementos da brasilidade, como cores vibrantes, design descontraído e referências culturais. Essa conexão com a cultura local contribui para sua autenticidade e diferenciação no mercado.

Qualidade e Durabilidade: Embora as Havaianas sejam conhecidas por sua simplicidade, a marca investe em pesquisa e desenvolvimento para melhorar a qualidade e durabilidade de seus produtos. Isso as distingue de outras opções de chinelos de borracha no mercado, tornando-as uma escolha mais confiável a longo prazo.

Variedade de Design e Coleções Especiais: Havaianas constantemente inova com novos designs e coleções especiais. Isso mantém a marca relevante e atrai diferentes segmentos de consumidores, permitindo que as Havaianas atendam a uma ampla gama de preferências de estilo.

Preço Acessível e Alta Qualidade: Havaianas conseguem equilibrar preço acessível com alta qualidade, o que atrai um público diversificado. Os chinelos são acessíveis para a maioria dos consumidores, o que contribui para sua ampla aceitação no mercado.

Marketing Criativo e Engajamento do Consumidor: As Havaianas são conhecidas por suas campanhas de marketing criativas, que muitas vezes envolvem elementos de *storytelling* e humor. Além disso, a marca envolve os consumidores em ações de marketing, como concursos de design de sandálias, criando um forte senso de comunidade.

Expansão Global: A marca Havaianas expandiu-se globalmente, tornando-se um ícone reconhecido internacionalmente. Essa expansão contribui para a sua distinção como uma marca de calçados com apelo global e local.

Responsabilidade Social e Ambiental: A Havaianas tem se envolvido em iniciativas de responsabilidade social e ambiental, demonstrando um compromisso com causas importantes. Essa abordagem é vista de forma positiva pelos consumidores e a diferencia de outras marcas.

> **Inovação Tecnológica:** A marca investiu em inovação tecnológica, desenvolvendo soluções que permitem que os chinelos sejam reciclados. Isso demonstra um compromisso com a sustentabilidade, que é um ponto de diferenciação relevante nos dias de hoje.
>
> Em resumo, a Havaianas diferencia-se no mercado através de uma combinação de fatores, que incluem sua forte conexão com a cultura brasileira, qualidade, design, preço acessível, estratégias de marketing criativas, presença global, responsabilidade social e inovação tecnológica. Esses elementos contribuem para a posição única da marca Havaianas no mercado de calçados e seu apelo duradouro aos consumidores.

Kotler (2006) compreende que a combinação eficaz de PP e PD é vital para o posicionamento de uma marca. A harmonização eficaz de PP e PD é um desafio delicado. Deve-se ressaltar que é essencial que os pontos de paridade não anulem os pontos de diferença e vice-versa. A marca deve ser consistente e coerente em seu posicionamento para evitar confundir os consumidores. O equilíbrio entre esses elementos é o que define a identidade da marca e sua relevância no mercado. Ao adotar essa abordagem estratégica, as marcas podem não apenas atrair, mas também manter um público fiel, construindo conexões duradouras e significativas no mundo do *branding*.

Para Keller (2010) alguns aspectos são considerados para mostrar a atratividade da marca, sendo eles a relevância (quando o público acha a marca relevante), a distintividade (quando acha pontos de diferença superiores aos demais) e a credibilidade (quando a marca oferece uma razão atraente).

Kotler e Keller (2006) enfatizam que os Pontos de Diferença devem ser escolhidos com base em uma compreensão profunda das necessidades e desejos dos consumidores. Isso envolve pesquisa de mercado, análise de concorrência e *feedback* constante dos clientes. Além disso, os pontos de diferença devem estar alinhados com a identidade da marca e sua promessa central ao cliente.

Desta forma, a proposta é que o posicionamento seja visto como uma escolha da empresa e que represente uma vantagem competitiva sustentável, possuindo então uma perspectiva estratégica, ligando a marca as decisões do consumidor.

3.3.3 Estratégias de Marcas

O tema estratégias é bastante vasto e discutido por inúmeros autores. No entanto, Porter (1980) foi quem as correlacionou a posicionamentos de mercados, a partir de dois caminhos o foco no mercado e a diferenciação. Porter é amplamente reconhecido como um dos principais pensadores no campo da estratégia empresarial, e suas teorias têm influenciado significativamente a forma como as empresas abordam a competição e constroem suas marcas. Ele propôs estratégias genéricas que uma empresa pode adotar para obter vantagem competitiva e duas delas se correlacionam ao que já foi dito sobre entender um mercado alvo e posicionar-se de forma diferenciada.

A estratégia de enfoque implica em se concentrar em um segmento de mercado específico, atendendo às necessidades desse público de forma mais eficaz do que os concorrentes. Isso pode contribuir para a construção de uma marca forte, pois a empresa se torna especialista em um nicho de mercado, ganhando a confiança e a lealdade dos clientes desse segmento. Os estudos de segmentação são muito úteis para se estabelecer esta estratégia.

A estratégia de diferenciação concentra-se em tornar os produtos ou serviços da empresa únicos e distintos em comparação com os concorrentes. Isso pode ser alcançado por meio de inovação, design de produtos, qualidade superior ou serviços excepcionais. E como já dito anteriormente nos estudos sobre posicionamento, uma marca que se destaca pela diferenciação cria uma percepção positiva na mente dos consumidores.

A terceira estratégia é a liderança em custo que envolve a busca pela produção eficiente e pela redução de custos para oferecer produtos ou serviços a preços mais baixos do que os concorrentes. Isso pode ser crucial na construção de uma marca forte, pois preços competitivos atraem os consumidores e podem resultar em uma maior participação de mercado.

As estratégias de Porter desempenham um papel vital na construção de uma marca forte de várias maneiras.

- Proporcionam uma vantagem competitiva sustentável: Ao adotar uma das estratégias genéricas de Porter, uma empresa pode criar uma vantagem competitiva sustentável, o que é essencial para a construção de uma marca forte a longo prazo.

- Fortalecem o posicionamento no Mercado: As estratégias de Porter ajudam as empresas a posicionarem suas marcas de maneira única no mercado, permitindo que se destaquem da concorrência.

- Criação de Valor para o Cliente: As estratégias de Porter incentivam as empresas a entenderem as necessidades dos clientes e a criar valor, o que é fundamental para a construção de uma marca forte e leal.

- Criam foco na Qualidade e Eficiência: Tanto a diferenciação quanto a liderança em custo envolvem um compromisso com a qualidade e eficiência, fatores que contribuem para uma marca forte.

Em suma, as estratégias na perspectiva de Michael Porter desempenham um papel fundamental na construção de marcas fortes. Ao entender e aplicar as estratégias genéricas adequadas, as empresas podem posicionar suas marcas de maneira única, criar vantagem competitiva e oferecer valor aos clientes. A construção de uma marca forte requer uma estratégia sólida e consistente, e as teorias de Porter fornecem uma base sólida para esse objetivo.

Capítulo 3

PERGUNTAS PARA EXPLORAR A COMPREENSÃO:

- Como um propósito de marca bem definido pode influenciar as decisões estratégicas de uma organização?
- Quais são os passos para desenvolver um propósito de marca autêntico e relevante?
- Quais fatores influenciam a construção da imagem de uma marca na mente dos consumidores? Como isso acontece?
- Por que a segmentação de mercado é crucial no contexto de *branding*?
- Quais critérios podem ser usados para segmentar eficazmente o mercado?
- Como a segmentação de mercado influencia as estratégias de posicionamento de uma marca?
- Como uma empresa pode identificar seu posicionamento competitivo no mercado?
- Quais são as principais estratégias para diferenciar uma marca da concorrência?

RESUMO

O propósito de marca é uma componente fundamental do *branding* contemporâneo. Refere-se à razão de ser de uma marca, indo além de simplesmente vender produtos ou serviços. O propósito de marca envolve a definição dos valores e crenças que a marca representa, bem como seu compromisso com a sociedade e o meio ambiente. Empresas que estabelecem um propósito de marca claro podem se conectar de forma mais profunda com os consumidores, fortalecendo a lealdade à marca e diferenciando-se da concorrência.

A percepção dos consumidores desempenha um papel crítico na formação da marca. A marca é muito mais do que apenas um logotipo ou um nome; ela é moldada pelas experiências, associações e emoções que os consumidores têm em relação a ela. A gestão eficaz da marca envolve entender como os consumidores percebem a marca e trabalhar para influenciar essa percepção de maneira positiva.

A teoria do *"self estendido"* de Belk oferece uma visão inovadora sobre o papel dos objetos de consumo na construção da identidade pessoal. Ela desafia as abordagens tradicionais de marketing e destaca a importância de entender como os consumidores se relacionam com os produtos em um nível mais profundo. Isso tem implicações significativas para as estratégias de *branding* e comunicação, bem como para a compreensão da psicologia do consumidor. Portanto, o *self* estendido é um conceito rico e estimulante que continua a inspirar pesquisas e discussões acadêmicas no campo do marketing e da psicologia do consumidor.

Em contrapartida, as decisões de marca na perspectiva da empresa referem-se às escolhas estratégicas feitas pela organização em relação à sua marca. Isso inclui decisões sobre o mercado a ser atendido e ao posicionamento escolhido, entre outras decisões. Essas decisões são cruciais para garantir que a marca comunique efetivamente seus valores e diferenciais. Além disso, elas também afetam a forma como a marca é percebida pelos consumidores.

O posicionamento competitivo é a arte de estabelecer a marca de uma empresa em relação às outras no mercado. Ele envolve identificar um espaço único e valioso que a marca pode ocupar na mente dos consumidores. Um posicionamento eficaz não apenas diferencia a marca, mas também a torna relevante para o público-alvo. Isso envolve compreender a concorrência e identificar oportunidades para se destacar.

As estratégias de marcas referem-se às abordagens planejadas para desenvolver, manter e fortalecer uma marca ao longo do tempo. As estratégias competitivas de Porter podem facilmente ser interpretadas como caminhos possíveis para se direcionar a um segmento em específico ou a criar uma imagem diferenciada na mente dos consumidores. Estratégias de marca bem concebidas são fundamentais para o sucesso a longo prazo de uma marca.

REFERÊNCIAS

BELK R. W. **Possessions and the Extended Self.** Journal of Consumer Research, Volume 15, Issue 2, September 1988, Pages 139-168.

HOOLEY, G. J.; SAUNDERS, J. A.; PIERCY, N. F. **Estratégia de marketing e posicionamento competitivo.** 2. ed. São Paulo: Prentice Hall, 2001.

KELLER, K. L. e MACHADO, M. **Gestão estratégica de marcas.** São Paulo: Pearson Prentice Hall, 2006.

KOTLER, P.; KELLER, K. L. **Administração de marketing.** 12. ed. São Paulo: Pearson, 2006.

PORTER, M. E. **Estratégia Competitiva.** Técnicas para análise de indústria e da Concorrência. Rio de Janeiro: Editora Elsevier, 2004.

SINEK, S. **Comece pelo porquê.** Rio de Janeiro: Sextante, 2018.

TAVARES, M. C. **Gestão de marcas: construindo marcas de valor.** São Paulo: Harbra, 2008.

Capítulo 4

4. Construção da marca

No âmbito da gestão de marcas e estratégias de marketing, a construção da identidade e personalidade de uma marca desempenha um papel fundamental na diferenciação e no estabelecimento de uma presença sólida no mercado. Este capítulo se propõe a explorar diversos elementos interconectados que são essenciais para entender como as marcas constroem e comunicam sua identidade de forma eficaz.

Uma das bases para a compreensão da identidade de marca são as diretrizes que orientam sua construção. Essas diretrizes funcionam como um mapa estratégico que delineia os valores, a cultura e a missão da empresa, fornecendo uma base sólida para a criação de uma identidade autêntica e coerente.

No contexto acadêmico e prático, diversos modelos têm sido propostos para analisar e definir a identidade de marca. Alguns dos mais notáveis incluem o Modelo de Aaker, o Modelo de Kapferer e o Modelo de Keller. Esses modelos oferecem estruturas conceituais que auxiliam na compreensão das dimensões psicológicas e emocionais que compõem a identidade de marca, permitindo uma análise aprofundada da personalidade da marca.

Por sua vez, ainda como forma de pensar na concepção das marcas, é importante também explorar o conceito de identidade. A identidade de marca é construída por meio de elementos-chave que a compõem. Estes elementos incluem a linguagem visual, o logotipo, as cores, a tipografia e até mesmo a voz da marca. A escolha criteriosa e a gestão adequada desses elementos são cruciais para a construção de uma identidade de marca coesa e memorável.

No que tange à identidade visual de marcas, esta desempenha um papel crucial na comunicação da personalidade e dos valores da marca. A combinação de elementos visuais e o design gráfico, desempenha um papel fundamental na criação de uma identidade visual sólida e distintiva.

Por fim, não se pode negligenciar os fatores de marketing que são determinantes para a construção de marcas sólidas. Fatores decisivos para o marketing como decisões de produto e comunicação, agregando valor ao nome da organização são apenas alguns exemplos dos fatores que influenciam diretamente a percepção e a construção de marcas fortes.

Neste capítulo, será explorado em detalhes cada um desses tópicos, destacando a importância de sua interconexão e como eles contribuem para a construção de marcas duradouras e bem-sucedidas no cenário competitivo atual. É fundamental compreender que a identidade de marca vai além do logotipo; ela é um reflexo dos valores, da cultura e da promessa que uma marca oferece ao seu público-alvo.

4.1 Diretrizes para a construção de identidade e personalidade de Marca

Identidade e personalidade de marca são dois conceitos fundamentais no campo do *branding* e marketing, e ambos desempenham papéis necessários na criação e comunicação de uma marca de sucesso. Conforme cita Tavares (2008), inicialmente pensados para indivíduos, a identidade e a personalidade foram estendidas a empresa e a sua importância reside na capacidade de criar uma imagem sólida e coerente que ressoe com os consumidores e estabeleça um relacionamento emocional.

Capítulo 4

Assim, a identidade de uma empresa representa o que ela é e o que ela não é. Quando bem delineadas, tanto a identidade quanto a personalidade ajudam a construir a confiança do consumidor, promovem a lealdade à marca e diferenciam a marca em um mercado competitivo. Ter uma identidade e personalidade bem definidas também facilita a criação de campanhas de marketing eficazes, pois proporciona um guia claro sobre como a marca deve ser apresentada ao público. Esses conceitos ajudam a definir como a marca se apresenta, como é percebida pelos consumidores e como se diferencia das demais no mercado.

Como exemplo, pode ser citada a marca brasileira Natura. Ela ficou em 3º lugar entre as empresas mais reconhecidas pela sua liderança em sustentabilidade pela GlobeScan Sustainability Leaders 2021 (*reconhecimento mundial*[2]). É uma marca de cosméticos, produtos de beleza e higiene pessoal fundada em 1969. A empresa tem uma identidade e personalidade bem definidas, centradas na valorização da natureza, sustentabilidade, bem-estar e conexão com a comunidade.

Figura: Produto Natura

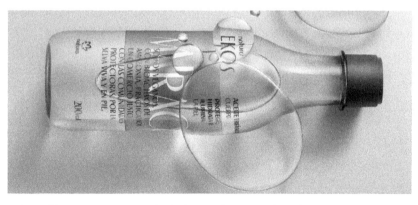

Fonte: https://www.naturaeco.com/pt-br/marcas/bem-estar-bem/

Para reforçar sua identidade, sabe-se que desde sua fundação, a Natura sempre se destacou por sua preocupação com o meio ambiente e

---

2 Fonte: https://ri.naturaeco.com/esg/premiacoes-e-reconhecimento/

a sustentabilidade. A empresa utiliza ingredientes naturais, promove práticas de produção sustentáveis e busca minimizar seu impacto ambiental em todas as etapas do processo de fabricação. A marca se inspira na biodiversidade brasileira e nas riquezas naturais do país. Seus produtos frequentemente incorporam ingredientes da flora e fauna brasileiras, reforçando o vínculo entre a marca e a natureza exuberante do Brasil. Ela investe continuamente em pesquisa e desenvolvimento para criar produtos inovadores que combinem a eficácia com o uso responsável dos recursos naturais.

E para marcar sua personalidade, a Natura reforça a empatia com os consumidores, ouvindo suas necessidades, além de promover o diálogo com a comunidade e consultoras. Essa abordagem aproxima a marca de seus públicos e gera um sentimento de pertencimento e lealdade à mesma.

Sua conexão com a natureza, sustentabilidade, responsabilidade social, empatia e inovação são os pilares que sustentam sua posição única no mercado. Ao longo dos anos, a empresa construiu uma forte base de clientes leais, que se identificam com os valores e a missão da marca, consolidando seu papel como uma das principais empresas de cosméticos do Brasil.

A seguir está descrito cada um desses conceitos e como eles se aplicam no processo de construção de marca.

4.1.1 Identidade de marca

A identidade de marca refere-se ao conjunto de elementos visuais, verbais e simbólicos que compõem a representação da marca. É a forma como a marca é percebida e reconhecida pelos seus consumidores e *stakeholders*. A identidade de marca inclui elementos como o logotipo, cores, tipografia, símbolos, embalagens, e até mesmo o nome da marca. Esses elementos visuais e verbais ajudam a criar uma imagem única e distintiva para a marca, tornando-a facilmente identificável e memorável.

Aaker (1996) entende que a identidade de marca também consiste em um conjunto de atributos intangíveis, que se consolidam na mente do consumidor, conferindo significado à marca. Essas características devem ser cuidadosamente elaboradas e preservadas, a fim de possibilitar o reconhecimento, a preferência e a lembrança da marca pelo público. Além disso, a identidade de marca desempenha um papel fundamental na comunicação e interação com os consumidores.

Segundo Tavares (2008) para se pensar em identidade, a empresa precisa elaborar como pretende ser vista, reconhecida no seu mercado. A partir disso, sua identidade é construída e fundamentada em sua visão de negócios e em seus valores e crenças que determinam sua forma de atuar e orientar suas ações. Sendo assim, pode-se elencar o que está envolvido nas diretrizes para a construção da identidade de marca:

a) Pesquisa: Compreender a percepção do público-alvo sobre a marca e seus concorrentes é essencial para desenvolver uma identidade relevante e atrativa.

b) Propósito e valores: Definir claramente a missão, visão e valores da marca é o ponto de partida para construir uma identidade autêntica e consistente.

c) Design: Criar um logotipo, paleta de cores, tipografia e outros elementos visuais que expressem a personalidade da marca e sejam consistentes em todos os materiais de marketing.

d) Mensagem: Desenvolver uma mensagem clara e coesa que transmita a essência da marca e se conecte emocionalmente com o público.

e) Consistência: Garantir que todos os aspectos da identidade de marca sejam aplicados de forma consistente em todas as plataformas e canais de comunicação.

4.1.2 Personalidade de marca

A personalidade de marca refere-se às características humanas e traços de comportamento que são atribuídos à marca para torná-la mais relacional e identificável para o público. Em outras palavras, é como se a marca tivesse uma personalidade única e distintiva. A personalidade de marca é muitas vezes representada por adjetivos que a descrevem, como amigável, sofisticada, inovadora, confiável, entre outros. De acordo com Aaker (1996) a personalidade da marca pode ser descrita como um conjunto de atributos humanos que são associados a uma marca específica. Para Kapferer (2003) quando a marca se torna pública, assume o papel de um personagem, possibilitando aos consumidores presumirem e a analisarem como a uma pessoa. Fournier (1998) já destaca que a personalidade é percepção dos consumidores em relação às características da marca e seu comportamento.

Pode-se dizer que as diretrizes para a construção da personalidade de marca envolvem:

a) Definição dos atributos: Identificar os traços de personalidade que melhor representam a marca e que são relevantes para o público-alvo.

b) Tom de voz: Estabelecer um tom de comunicação consistente, que reflita a personalidade da marca, e aplicá-lo em todos os pontos de contato com os clientes.

c) *Storytelling*: Criar histórias e narrativas que personifiquem a marca e ajudem a estabelecer uma conexão emocional com o público.

d) Comportamento da marca: Determinar como a marca age e responde em diferentes situações, reforçando os atributos da sua personalidade.

e) Autenticidade: Garantir que a personalidade da marca seja genuína e coerente com a sua identidade e propósito.

Em resumo, a identidade e a personalidade de marca são conceitos complementares que trabalham juntos para criar uma imagem forte e consistente, além de estabelecer uma conexão significativa e duradoura com o público-alvo. Seguir diretrizes sólidas durante o processo de construção da identidade e personalidade de marca pode ajudar a garantir uma representação eficaz e autêntica da marca no mercado. Desta forma, a seguir encontra-se descritos 3 modelos de referência (Aaker, Kapferer e Keller) para construção de identidades e personalidades coerentes de uma marca.

4.2 Modelos de Identidade de Marca

4.2.1 Modelo de Aaker

O modelo de identidade de marca desenvolvido por David Aaker é uma estrutura conceitual amplamente usada para ajudar na criação e gestão de marcas. Esse modelo foi apresentado por Aaker em seu livro "Construindo Marcas Fortes" e fornece uma visão abrangente de como as marcas podem ser construídas e comunicadas de forma eficaz para os consumidores. O autor baseia seu modelo, elaborado de forma sistemática para se realizar em algumas etapas conforme ilustrado a seguir:

Figura: Modelo de Planejamento de Identidade de marca

ANÁLISE ESTRATÉGIA DE MARCA		
Análise de Clientes	Análise da Concorrência	Autoanálise
• Tendências • Motivação • Necessidades não atendidas • Segmentação	• Imagem/Identidade de marca • Pontos Fortes/ Estratégias • Vulnerabilidades • Posicionamento	• Imagem da marca existente • Herança da marca • Pontos fortes/ estratégias • Valores da organização

Gestão de marcas

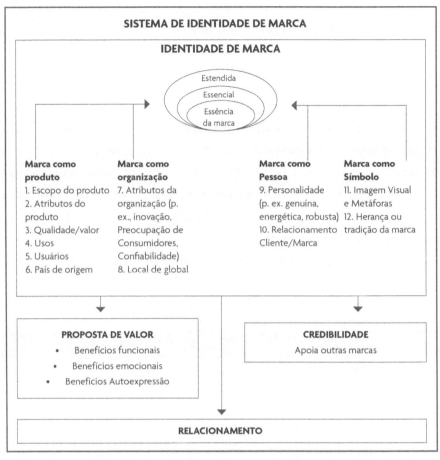

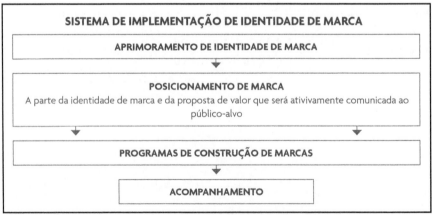

Modelo teórico de Aaker – Fonte: AAKER, D.A. JOACHIMSTHLER, E. Como construir marcas líderes. São Paulo: Futura, 2000.

Como visto na figura anterior, o autor defende que a análise estratégica de marca é um passo essencial antes de se estabelecer o Sistema de Identidade de Marca. Nessa análise, são verificadas três dimensões cruciais: clientes, concorrência e a própria organização. De acordo com Aaker (2000), a justificativa para examinar essas três dimensões é que a marca precisa causar impacto nos clientes, diferenciar-se dos concorrentes e estar alinhada com as características e possibilidades da própria organização. Para estes 3 aspectos alguns indicadores podem auxiliar a empresa nesta primeira etapa da construção de identidade como, por exemplo, conhecer a motivação do mercado/clientes para comprar produtos do seu segmento, entender se existe alguma necessidade não atendida, analisar pontos fortes, vulnerabilidades e estratégias da concorrência e de si próprio, além de identificar muito bem seus próprios valores e crenças.

Dessa forma, o modelo indica que a criação da identidade da marca é uma responsabilidade interna da organização. No entanto, isso não significa que os consumidores são ignorados, pois seus desejos e necessidades são fatores que precedem a construção da identidade da marca. A identidade de marca é formulada para gerar uma proposta de valor e estabelecer um relacionamento com os consumidores que envolva benefícios funcionais, emocionais ou autoexpressivos, ou ainda por meio de oferecimento de credibilidade para marcas endossadas. Importante destacar que a essência de uma marca deve ser determinada a partir daquilo que ela é ou faz, sendo esta uma escolha chave para ela se tornar uma marca forte.

Neste modelo, Aaker propõe uma visão geral da identidade de marca baseada em 12 categorias de elementos de identidade organizados em 4 perspectivas (a marca como produto, como organização, como pessoa e como símbolo). E embora todas elas sejam importantes, dificilmente uma mesma marca apresentará todas de uma vez. Cabe a empresa direcionar qual o melhor benefício será enfatizado a partir dos atributos escolhidos.

Sob a perspectiva de marca como **produto**, o escopo é um dos pilares fundamentais da identidade. Ele determina quais produtos estão vinculados à marca e tem como meta garantir que esta seja imediatamente lembrada ao mencionar uma determinada classe de produtos. Os atributos do produto referem-se às características distintas do bem ou serviço que criam um diferencial e quando são percebidos como sendo de qualidade superior, contribuem ainda mais para a construção da identidade da marca. O uso do produto envolve questões relacionadas à situação ou função que a marca ocupa na mente do consumidor, inclusive fazendo conexão a que grupo de consumidor se refere, seu país ou ao seu local de origem (Aaker, 2000).

Sob a perspectiva de marca como **organização**, o modelo enfatiza as características da organização como um todo, considerando que alguns atributos podem inclusive ser compartilhados a partir dos produtos. Como exemplo pode-se citar a inovação e qualidade, que o autor afirma que, considerando que são essenciais à organização, a imitação por parte dos concorrentes é menos provável. Além disso, a visão da marca como organização permite que a empresa opte por se posicionar como local ou global. A abordagem local busca estabelecer laços com os consumidores, promovendo uma interação com a cultura local em qualquer lugar onde a empresa atue.

Já sob a perspectiva de marca como **pessoa**, ao utilizar atributos semelhantes às pessoas e empregar o mesmo vocabulário utilizado para descrever personalidades humanas, a marca tem a capacidade de impulsionar o benefício da autoexpressão. Isso acontece porque os consumidores podem facilmente se identificar com sua própria personalidade. Consequentemente, a marca pode adquirir conotações positivas, como juventude, confiança, sofisticação, diversão, entre outras qualidades. Essas características serão refletidas em questões demográficas, estilo de vida e na própria personalidade do público.

Por fim, sob a perspectiva de marca como **símbolo**, uma variedade de elementos pode estar associada à marca. Imagens visuais e metáforas, além de objetos, e até as próprias pessoas podem ser símbolos. De acordo com Aaker (2000), estes podem representar signos poderosos para a identidade da empresa, criando espelhamento para o consumidor.

E assim, uma vez identificados os atributos que melhor se conectam à essência da marca, é esperado que ela crie sua proposta de valor. Neste ponto, a construção da identidade da marca deve buscar agregar valor aos diversos públicos envolvidos (indo além inclusive do público consumidor). As marcas devem criar relacionamentos com seus públicos, tal qual relacionamentos pessoais, deixando claro definitivamente seu posicionamento. Para estabelecer uma comunicação efetiva e desenvolver relacionamentos significativos com os diferentes grupos, a empresa precisa compreender seus estilos de vida e agir de maneira adequada, levando em consideração a cultura de cada um. O posicionamento da marca no mercado é influenciado tanto por sua identidade quanto pelo conhecimento do público. Uma identidade clara e única permite que a marca se posicione de forma mais distinta e relevante, enquanto o conhecimento do público garante que esse posicionamento esteja alinhado com as suas expectativas e percepções. Por isso, quanto mais rica for a identidade de uma marca, mais preciso será o seu reflexo para o público.

4.2.2 Modelo de Kapferer

O modelo de identidade de marca criado por este autor, também conhecido como Prisma de Kapferer, foi desenvolvido pelo especialista em marketing francês Jean-Noël Kapferer. Ele é uma ferramenta conceitual que ajuda a compreender e construir a identidade de uma marca de forma mais abrangente e estruturada. O modelo utiliza a metáfora de um prisma para representar as diferentes facetas que compõem a identidade de uma marca, destacando suas potencialidades. Ele sugere fontes de identidade que em conjunto vão definir o que a marca é.

A partir dessas facetas, o prisma oferece uma visão holística das marcas, considerando seis dimensões interligadas: física, pessoal, relacional, reflexiva, simbólica e cultural. O uso do prisma de Kapferer pelas empresas com marcas fortes pode trazer uma série de benefícios.

Em primeiro lugar, o prisma de Kapferer permite que as empresas compreendam a complexidade e a profundidade das suas marcas. Ao analisar cada dimensão, as organizações podem identificar as conexões e interações entre elas, resultando em uma visão mais abrangente do posicionamento e significado da marca no mercado. Essa compreensão aprofundada é fundamental para manter a coerência da marca em todas as interações com os consumidores, gerando um relacionamento mais sólido e duradouro com os clientes.

Em segundo lugar, o uso do prisma de Kapferer auxilia as empresas a criarem estratégias de diferenciação competitiva. Compreender as dimensões física, pessoal, relacional, reflexiva, simbólica e cultural da marca oferece *insights* valiosos sobre como a marca pode se destacar em meio à concorrência. Uma marca forte, que transcende apenas atributos tangíveis do produto, pode gerar uma experiência única para os clientes, estabelecendo uma vantagem competitiva sustentável.

Por fim, o prisma de Kapferer também facilita a gestão e a comunicação interna das marcas. Ao adotar esse modelo, as empresas podem criar uma linguagem comum para discutir e desenvolver estratégias de *branding*. Isso ajuda a alinhar todos os setores da organização, garantindo que todos compreendam o propósito da marca e como ela deve ser expressa em diferentes contextos e canais. Esse alinhamento interno contribui para uma abordagem mais consistente e coesa da marca, fortalecendo ainda mais sua posição no mercado.

Assim, pode-se considerar que o prisma de Kapferer é uma ferramenta valiosa para as empresas com marcas fortes, pois permite uma análise abrangente da marca e auxilia na criação de estratégias de diferenciação e no alinhamento interno. Com uma compreensão mais profunda de sua identidade e propósito, essas empresas podem construir relacionamentos sólidos com os clientes e se destacar em um mercado competitivo.

A partir da compreensão de sua utilização, segue o aprofundamento em cada uma das suas dimensões. Como já dito anteriormente, ele é composto por seis dimensões ou faces, cada uma delas representando um elemento-chave na construção da identidade de marca. Essas faces são: físico, relação, reflexo — estes referentes à exteriorização da marca, e personalidade, cultura e mentalização — referentes à interiorização.

Figura: Prisma de Kapferer (2004)

Fonte: KAPFERER, Jean-Noël. As marcas, capital da empresa: criar e desenvolver marcas fortes. Porto Alegre: Bookman, 2004.

A. Físico

Esta dimensão representa a parte tangível e material da marca. Inclui os atributos físicos do produto ou serviço, o logotipo, o design, a embalagem, a cor e outros elementos visuais que o consumidor pode perceber diretamente. É a parte mais concreta da marca e contribui para sua identificação visual. É a partir desta dimensão que, muitas vezes, as empresas são comparadas aos concorrentes. Kapferer (2004) explica que, quanto ao aspecto físico da identidade de marca, a referência é feita aos seus pontos tangíveis e funcionais. Isso significa que o público é capaz de associar a marca de forma material. Essa dimensão é muito importante, mas somente ela não torna a marca completa. É necessário se conectar as demais para isso.

B. Personalidade

A dimensão da personalidade refere-se aos traços humanos ou características que a marca adota para se comunicar com seu público-alvo. Essas características podem ser emocionais, comportamentais ou psicológicas. Por exemplo, uma marca pode ser percebida como amigável, inovadora, sofisticada, confiável etc. Essa dimensão ajuda a criar uma conexão emocional com os consumidores. Assim, como dos indivíduos consegue-se perceber a personalidade a partir de seu comportamento, das marcas e suas interações com os seus consumidores, também pode-se notar características que traduzem seu aspecto de caráter, estilo ou atitude e que vão definir a personalidade. Para Kapferer (2004) pode-se medir a personalidade de uma marca a partir de eixos como a extroversão/introversão, amabilidade ou não, consciência, neuroticismo e abertura. E para as empresas terem essa dimensão em foco, pode-se descrever as características em linguagem corrente e conclusiva.

C. Cultura

A cultura da marca abrange os valores, crenças e princípios pelos quais a empresa se guia. Esses elementos ajudam a moldar a identidade e a missão da marca, além de refletir o propósito maior que vai além do produto ou serviço oferecido. A cultura organizacional tem um papel fundamental na criação da identidade da marca, pois quando estão alinhadas, os colaboradores tornam-se embaixadores naturais, transmitindo os valores e a essência da marca de forma genuína. Além disso, uma cultura sólida e positiva tem impacto direto na experiência do cliente, uma vez que colaboradores engajados e motivados tendem a oferecer um atendimento mais satisfatório e coerente com os valores da marca. A cultura também desempenha um papel importante na construção da reputação da marca, influenciando a percepção do público em relação à empresa, seus produtos e serviços.

D. Relação

Essa dimensão diz respeito à forma como a marca se relaciona com seus consumidores e *stakeholders*. Isso inclui a maneira como ela se comunica, interage e se envolve com o público-alvo. A construção de uma relação sólida com os clientes é essencial para fortalecer a identidade de marca e construir a lealdade do consumidor. A relação entre marca e consumidores objetiva proporcionar satisfação para ambas as partes.

E. Reflexo do Cliente

Nesta dimensão, a marca é vista através dos olhos dos clientes. Como eles percebem a marca? Quais são suas associações e experiências com ela? O reflexo é a imagem criada pelos consumidores sobre a marca. Compreender o reflexo do cliente é fundamental para ajustar e alinhar a identidade da marca com a percepção desejada. Importante ressaltar que reflexo não é o público-alvo ou consumidor em si, mas sim a identificação criada para estes. Enfim, o reflexo deve ser atraente para o consumidor, pois deve se referir a desejos dele.

F. Mentalização

A mentalização representa a forma como a marca quer se enxergar nos consumidores. É o espelho interno, a imagem que a marca quer criar. Isso envolve a compreensão de sua posição, diferenciação como se vê e se posiciona no mercado em relação à concorrência e o papel que deseja desempenhar na vida dos consumidores. Por isso também significa entender como um consumidor descreve a percepção que tem de si mesmo quando usufrui de uma marca.

Ao integrar essas seis dimensões, o prisma de Kapferer proporciona uma visão holística e completa da identidade de uma marca. Ele ajuda as empresas a alinharem a comunicação, as ações e a experiência do cliente em torno de uma identidade de marca consistente e coerente, resultando em uma marca mais forte, memorável e com maior conexão emocional com o público-alvo.

4.2.3 Modelo de Keller

Para Keller (2006) quando se fala de marcas, sempre surgem duas indagações: (I) quais são os elementos que conferem força a uma marca e (2) como é construir uma marca forte. Para fins de melhor entendimento, neste livro será abordado o tema construção de marcas como análogo à construção de sua identidade. Portanto, na visão de Keller, e respondendo a essas perguntas, esta seção apresenta modelo de *Brand Equity* da Marca baseado na percepção dos Clientes (*Customer Based Brand Equity* ou CBBE). Esse modelo incorpora avanços teóricos e práticas gerenciais recentes no que se refere ao comportamento do consumidor. Apesar de existirem várias perspectivas valiosas sobre o *Brand Equity* (e estas serão vistas em um capítulo adiante), o CBBE de Keller oferece uma visão única sobre a construção de marcas e sobre a melhor abordagem para construí-las e gerenciá-las.

O CBBE trata do *Brand Equity* da Marca (ou Patrimônio da Marca em tradução livre) sob a perspectiva do consumidor, seja um indivíduo ou uma organização. Isso ocorre porque compreender as necessidades e desejos dos consumidores, e oferecer produtos e programas para atendê-los é o cerne do marketing bem-sucedido.

O Modelo de *Customer-Based Brand Equity* de Kevin Keller é uma estrutura conceitual amplamente reconhecida e utilizada para entender o valor de uma marca na perspectiva dos consumidores. Kevin Lane Keller, um renomado especialista em marketing e *branding*, desenvolveu esse modelo para explicar como as marcas podem se tornar mais valiosas aos olhos dos clientes, resultando em uma vantagem competitiva sustentável. Ele acredita que em certos cenários, a simples lembrança da marca é capaz de desencadear uma resposta positiva por parte do consumidor. O conceito central do modelo é que o valor de uma marca é construído com base nas experiências, associações e percepções que os consumidores têm dela ao longo do tempo. Sendo assim, uma sequência de etapas é necessária para construir uma marca forte. São elas:

1. **Identidade da Marca (*Brand Identity*):** Assegurar a identificação da marca junto aos clientes e uma associação de marca com uma categoria específica de produto/serviço ou com a necessidade do cliente.

2. **Significado da Marca (*Brand Meaning*):** Estabelecer firmemente o significado da marca na mente dos clientes, ligando um conjunto de associações de marca tangíveis e intangíveis com determinadas propriedades. A etapa de significado da marca diz respeito ao que a marca representa para os consumidores, quais são os benefícios funcionais e emocionais que ela oferece.

3. **Resposta do Consumidor (*Brand Response*):** Estimular as respostas adequadas de clientes/consumidores a essa identificação e significado de marca. Nesta etapa são analisadas as atitudes dos consumidores em relação à marca. Quanto mais positivas forem as respostas dos consumidores, maior será a força da marca e a probabilidade de eles escolherem a marca em detrimento de alternativas.

4. **Lealdade à Marca (*Brand Resonance*):** Converter a resposta de marca em um relacionamento de fidelidade intenso entre os clientes e a marca. A lealdade à marca é o nível mais alto de envolvimento do consumidor com a marca.

Por meio dessas quatro dimensões, o Modelo de *Customer-Based Brand Equity* de Keller oferece um caminho para as empresas desenvolverem estratégias eficazes de construção de marca. Ele enfatiza a importância de construir uma identidade forte e significado claro da marca, impulsionando respostas positivas dos consumidores e, por fim, alcançando a lealdade e ressonância da marca. Ao criar uma marca com base nessas dimensões, as empresas podem colher os benefícios de uma relação forte e duradoura com os clientes, aumentando sua competitividade e sucesso no mercado.

No entanto, realizar as quatro fases para estabelecer a identificação da marca, o significado da marca, as respostas à marca e os relacionamentos com a marca, é um procedimento complexo e desafiador. Para fornecer uma estrutura a essa tarefa, é interessante estabelecer seis "elementos fundamentais ou blocos de construção de marcas" em uma sequência. Esses elementos ou blocos podem ser organizados como uma pirâmide, sugerindo a ordem de montagem. Alcançar um *Brand Equity* significativo implica alcançar o topo da pirâmide do modelo CBBE de Keller, o que só acontecerá quando os blocos corretos forem combinados adequadamente. Portanto, eles serão destrinchados a seguir.

Figura: Pirâmide de construção do Modelo CBBE de Keller

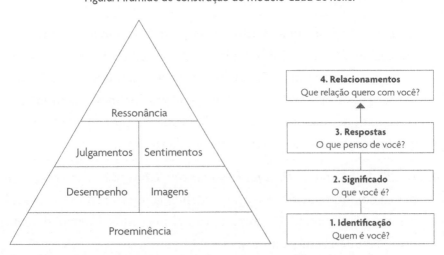

Fonte: KELLER, K. L. e MACHADO, M. Gestão estratégica de marcas. São Paulo: Pearson Prentice Hall, 2006.

A. Identificação

A proeminência da marca diz respeito a como a marca é prontamente lembrada e evocada em várias situações ou contextos diferentes. Isso significa que a marca é facilmente reconhecida e lembrada, sendo a primeira a vir à mente quando se pensa em um determinado setor ou categoria. No entanto, a lembrança de marca vai além do simples conhecimento do nome da marca e do fato de já tê-la visto antes. Ela envolve a associação do nome, logotipo, símbolo e outros elementos à memória do consumidor.

B. Significado

O foco principal do *brand equity* está no próprio produto, pois ele exerce a maior influência sobre a experiência dos consumidores com a marca, o que eles ouvem de outras pessoas sobre ela e a mensagem que a empresa pode comunicar em relação à marca. Garantir a satisfação completa das necessidades e desejos dos consumidores é fundamental para alcançar o sucesso, independentemente de se tratar de um produto físico, serviço, organização ou pessoa.

Assim, o desempenho da marca refere-se à maneira como o produto ou serviço busca atender às necessidades funcionais dos clientes. Isso envolve as características inerentes ao produto ou serviço, indo além dos elementos e atributos específicos para englobar aspectos que reforçam essas características. Cada uma dessas diversas dimensões de desempenho pode servir como meio para diferenciar a marca no mercado e lhe criar significado.

Por isso as imagens são o segundo componente para compor a significação de uma marca. As representações visuais vinculadas à identidade da marca são características externas do produto ou serviço, abarcando como a marca se esforça para satisfazer as necessidades emocionais e sociais dos clientes. As imagens de uma marca espelham a percepção abstrata das pessoas sobre ela, indo além daquilo que acreditam que a marca efetivamente oferece. Portanto, esse conjunto de representações diz respeito a aspectos imateriais da marca. As imagens podem ser formadas de maneira direta (com base nas próprias experiências do consumidor) ou indireta (por meio de representações cuidadosamente planejadas e experiências compartilhadas em propagandas ou outras fontes de informação, como o boca a boca). Diversas formas de associações imateriais podem ser atribuídas a uma marca, sendo que quatro categorias merecem destaque: perfil dos usuários ou consumidores, contextos de compra e uso do produto/serviço, personalidade e valores transmitidos pela marca e história, legado e experiências relacionadas à marca.

C. Respostas

Na visão de Keller (2004), as respostas dos consumidores a uma marca podem ser traduzidas em julgamentos e sentimentos. Os primeiros são as visões e análises individuais dos clientes em relação as marcas. Essas percepções englobam a forma como os consumidores integram todas as diversas associações relacionadas ao desempenho e à imagem da marca. Os clientes podem realizar diversas avaliações ou julgamentos sobre uma marca, porém, no contexto de estabelecer uma marca forte, existem quatro tipos de julgamentos imediatos cruciais: qualidade, confiabilidade, relevância e excelência.

Já os sentimentos relacionados à marca representam as respostas e reações emocionais que os clientes têm em relação a ela; esses sentimentos também estão conectados à impressão social geral que a marca provoca. Quais emoções são despertadas pelos esforços de marketing ou por outras estratégias? Como a marca influencia a maneira como os clientes se sentem sobre si mesmos e sobre seus vínculos com os demais?

As emoções que uma marca evoca podem se tornar tão profundamente ligadas a ela que permanecem acessíveis ao longo do uso ou consumo do produto. Pesquisadores têm definido a propaganda de transformação como aquela criada para alterar a percepção do consumidor em relação à sua própria experiência ao usar o produto. Alguns sentimentos importantes que devem ser conectados a experiência com a marca são: ternura, diversão, entusiasmo, segurança, aprovação social e autoestima. Embora sejam possíveis todos os tipos de emoção ligando a marca ao consumidor e sua experiência, o importante é que as respostas sejam positivas em suas lembranças.

D. Relacionamentos

A fase final do modelo concentra-se no principal elo e grau de conexão que o consumidor estabelece com a marca. A ressonância da marca diz respeito à natureza desse relacionamento e à extensão em que os consumidores se sentem conectados e sintonizados com a marca. A ressonância é caracterizada pela intensidade ou profundidade do vínculo psicológico que os clientes estabelecem com a marca, bem como pelo nível de envolvimento gerado por essa lealdade (por exemplo, índices de compras frequentes e até que ponto os clientes buscam informações sobre a marca, eventos e outros clientes fiéis). A ressonância da marca pode ser dividida em quatro categorias: fidelidade comportamental, vínculo de atitude, senso de comunidade e engajamento ativo.

A partir destas categorias, pode-se descrever os relacionamentos com uma marca de forma conveniente, utilizando dois aspectos distintos: intensidade e atividade. A intensidade diz respeito à força do vínculo emocional e senso de pertencimento à comunidade da marca. Já a atividade refere-se à frequência com que o consumidor adquire e utiliza os produtos da marca, bem como seu envolvimento em outras atividades não diretamente relacionadas à compra e ao consumo.

Assim, conclui-se que a premissa básica deste modelo é que a força da marca depende do que os consumidores sentem e pensam a respeito da marca e como agem em relação a isto.

4.3 Elementos de construção da identidade de marca

Ao falar da construção de marcas a partir dos seus elementos como nome, logo, símbolos, entre outros, entende-se que essa é uma área que envolve diversos campos de estudo. Sobretudo, porque a partir de uma visão mais ampliada da construção de marcas, espera-se aqui trazer a discussão sobre os elementos do campo do design de marcas, mas como complementares e associados a perspectiva também do planejamento e estratégia. Assim, os projetos de construção da marca podem se tornar mais efetivos, pois vão além de serem apenas projetos de estilo das aplicações gráficas do logotipo e demais elementos de identidade.

Para Consolo (2015) a identidade e o reconhecimento de uma marca vão além de um simples sistema visual centrado apenas em um símbolo ou logotipo. A abrangência da comunicação da marca abarca todo o sistema conceitual, estratégico e funcional que permeia a organização. Quando executada de maneira eficiente, essa abordagem permitirá que seu símbolo distintivo seja a porta de entrada para todo o vasto universo de conteúdos, produtos e atitudes que ela representa.

Sendo assim, a identidade de marca é um conceito fundamental para o sucesso de qualquer empresa ou organização. Ela representa a personalidade, a imagem e a percepção que os consumidores têm da marca. É uma combinação de elementos visuais, verbais e emocionais que compõem a forma como a marca se apresenta ao mundo.

Os componentes-chave da identidade de marca (dentre os visuais e conceituais) incluem:

A. **Logo:** O logotipo é o símbolo gráfico que representa a marca. É uma imagem icônica que se torna o ponto focal da identidade visual, sendo a principal maneira de as pessoas reconhecerem e lembrarem-se da marca. Inclui a família tipográfica escolhida e símbolos se houverem.

B. Cores: As cores são fundamentais para a identidade de marca, pois elas têm o poder de evocar emoções e criar associações. Escolher uma paleta de cores consistente e significativa ajuda a fortalecer a identificação da marca com seu público-alvo.

C. Voz e tom de comunicação: A maneira como a marca se comunica com seu público também é crucial. Isso inclui a linguagem usada, o estilo de escrita e a abordagem geral. Definir uma voz autêntica e consistente ajuda a criar conexões emocionais e a estabelecer uma relação de confiança com os consumidores.

D. Experiência do cliente: A identidade de marca se estende além do visual e da comunicação. Ela também abrange a experiência que os clientes têm com a marca em todos os pontos de contato, explorando os outros sentidos que não apenas o visual.

A identidade de marca é uma ferramenta poderosa para se destacar no mercado. Por isso, quando todos os elementos são harmoniosamente integrados, ela pode despertar emoções e sentimentos nos consumidores, criando laços emocionais duradouros. Indo além, uma identidade de marca bem definida e consistente ajuda a construir o reconhecimento e a confiança, tornando a marca memorável e preferencial na mente dos clientes.

No entanto, para alcançar o sucesso por meio da identidade de marca, é essencial que a empresa tenha uma compreensão clara de sua identidade, seus valores e o público-alvo. Isso permitirá que a marca se comunique de maneira autêntica e relevante, estabelecendo uma conexão genuína com as pessoas. A identidade de marca é uma jornada contínua, exigindo adaptação ao longo do tempo para se manter relevante e emocionalmente envolvente para as gerações futuras de clientes.

Sendo assim, em complementariedade ao que já foi visto nos tópicos anteriores deste livro, a marca nesta seção será representada a partir da perspectiva do design, com o nome, o signo ou conjunto de elementos visuais que simbolizam uma empresa, instituição ou serviço, sendo adotados como elementos identificadores nos quais se deposita todo o imaginário construído em torno dela. A compreensão dos conceitos da marca e sua identidade só se torna possível quando ambos coexistem.

Assim, no âmbito do design, o desenvolvimento da marca abrange desde a criação do nome (chamado processo de *naming*), do símbolo, seu principal sinal identificador, até a sua articulação com todos os outros elementos que compõem o sistema de identidade e suas funções. Para o designer que concebe um conceito e o traduz em um desenho, diversos outros elementos também desempenham um papel fundamental, quando pensados em conjunto sob a mesma diretriz, contribuindo para a formação dessa identidade, sendo tão importantes quanto a assinatura visual. Isso inclui a assinatura sonora, os aspectos táteis e expressivos de todos os materiais utilizados na comunicação, como o tom de voz e outras formas que estarão presentes nos diversos pontos de contato com os consumidores.

Sob essa perspectiva é que será analisado a partir daqui o termo marca e seus principais elementos de identificação. São esses elementos básicos que dão origem aos sistemas de identidade corporativa. São elementos materiais e conceituais, tangíveis e intangíveis e que fazem com que as empresas sejam compreendidas como um todo.

Para que o sistema de identidade da marca, conforme cita Consolo (2015), seja devidamente efetivado, é essencial o planejamento abrangente de todos os elementos que compõem esse sistema, bem como a definição dos suportes, materiais e todos os passos necessários para sua execução e implantação. Durante a maior parte do século XX, essa padronização foi compilada em uma ferramenta impressa destinada aos gestores das marcas, conhecida como "manual de identidade visual" ou "*identity guideline*", ou simplesmente "*guide*". A seguir são detalhados alguns elementos desse sistema de identidade visual das marcas.

Como exemplo de um manual de identidade de marca e de sua importância, segue uma imagem tirada do manual da marca Petrobras, disponível inclusive para consulta em seu *site*. Ali estão todas as informações pertinentes ao uso da marca, família tipográfica, cores, e outros elementos importantes para a construção da identidade da marca.

Figura: Marca Petrobras

1.2 Assinaturas

A marca possui duas assinaturas: horizontal e vertical. A escolha adequada é definida pelo formato dos materiais.

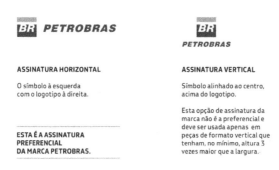

Fonte: Manual de Identidade Visual da Marca Petrobrás[3]

4.4 Identidade Visual de Marcas e seus componentes

4.4.1 Nome de marca

Kohli e Labahn (1997) explicam que as marcas que possuem imagens mais impactantes têm o poder de influenciar as decisões dos clientes e conquistar um reconhecimento destacado. O nome da marca desempenha um papel fundamental na construção dessa imagem, sendo o alicerce de sua posição no mercado. Embora a percepção associada ao nome de uma marca possa ser desenvolvida através de campanhas publicitárias ao longo do tempo, os gestores de marca reconhecem que um nome cuidadosamente criado e escolhido pode conferir uma força inigualável à marca.

---

3 Este manual foi baixado a partir de pedido de autorização concedido via site https://petrobras.com.br/quem-somos/nossa-marca.

Apesar de não ser exatamente a função de um designer escolher nomes para empresas, muitas agências ou escritórios que prestam serviços na área de *Branding* acabam também englobando essa área. Isto porque, como diz Wheeler (2009) em seu livro *"Designing Brand Identity: An Essential Guide for the Whole Branding Team"* encontrar o nome perfeito que também esteja legalmente disponível é um desafio monumental. Nomear requer uma abordagem criativa, disciplinada e estratégica.

O nome ideal é atemporal, incansável, de fácil pronúncia e memorização; reflete a essência e amplia o alcance da marca. Sua cadência sonora é envolvente, harmonizando perfeitamente com o conteúdo de um e-mail ou logotipo. Um nome bem selecionado é um recurso vital da marca, trabalhando incansavelmente 24 horas por dia, 7 dias por semana. Esse nome é transmitido incessantemente em conversas, e-mails, mensagens de voz, *sites*, produtos, cartões de visita e apresentações.

Por outro lado, um nome inadequado para uma empresa, produto ou serviço pode prejudicar os esforços de marketing, gerando falta de comunicação ou dificuldade de pronúncia e memorização. Além disso, pode expor a empresa a riscos legais desnecessários ou alienar um segmento de mercado.

A seguir, Wheeler (2009) propõe alguns tipos de nomes possíveis:

A. Fundador

Muitas empresas recebem o nome de seus fundadores, como exemplos temos Ben & Jerry's, Ralph Lauren entre outros. Essa prática pode ser mais fácil de proteger legalmente e satisfaz o ego dos fundadores. Contudo, a desvantagem é que o nome está permanentemente vinculado a uma pessoa real, o que pode gerar desafios em caso de mudanças ou eventualidades.

B. Descritivo

Estes exemplos de nomes refletem a essência do empreendimento, como AirBNB (do conceito de *"Air, Bed and Breakfast"* em hotéis de baixo custo), Animal Planet ou BandAid. A vantagem de um nome descritivo é sua habilidade em comunicar de forma clara a proposta da empresa. Entretanto, uma desvantagem potencial é que, à medida que a empresa se expande e diversifica, esse nome pode se tornar restritivo. Além disso, alguns nomes descritivos podem ser difíceis de proteger, pois tendem a ser muito genéricos.

C. Fabricado

Um nome inventado possui uma característica distintiva e pode facilitar o registro dos direitos autorais. Como exemplo podemos citar a Eataly (Eat + Italy). Entretanto, a empresa deve investir uma quantia significativa de capital para educar o mercado sobre a natureza do negócio, serviço ou produto. Um exemplo notável é o caso da marca Häagen-Dazs, cujo nome é de origem estrangeira e fabricado, mas tem se mostrado extremamente eficaz no mercado consumidor.

D. Metáfora

Nomes que fazem referência a coisas, lugares, pessoas, animais, processos, nomes mitológicos ou palavras estrangeiras são frequentemente empregados para transmitir características de uma empresa. Marcas como Nike e Patagonia são exemplos interessantes que têm o poder de cativar visualmente e contar histórias envolventes.

E. Acrônimo

Estes nomes são complexos de memorizar e difíceis de registrar, como ESPN, GAP ou H&M. Algumas empresas costumam adotar a grafia completa de seus nomes para se tornarem reconhecidas. Atualmente, há muitas siglas e tornam-se cada vez mais desafiadoras de aprender e demandam investimentos significativos em publicidade.

F. Mágico

Alguns nomes alteram a ortografia de uma palavra para criar um nome distinto e protegido.

G. Combinações dos itens acima

Alguns dos melhores nomes combinam tipos de nome. Clientes e investidores gostam de nomes que possam entender.

E para que se tenha uma escolha positiva em um nome de marca, eis alguns conselhos dados por Wheeler (2009). O nome deve ser significativo, pois comunica claramente a essência da marca, transmitindo sua mensagem central, além de reforçar a imagem que a empresa deseja projetar. Deve também ser distintivo, sendo único e facilmente memorável, distinguível da concorrência. Sua pronúncia e ortografia se forem simples, facilita sua lembrança. Em alguns casos, é interessante que seja orientado para o futuro, pois posiciona a empresa de forma estratégica para o crescimento, adaptando-se a mudanças e alcançando o sucesso a longo prazo. Se possível deve ser modular, permitindo a expansão da marca com facilidade, possibilitando a criação de extensões que com a coerência e a identidade da marca principal. Além destas questões, importante também lembrar que ele precisa ser passível de proteção legal, permitindo o registro como marca e a aquisição de um domínio disponível, garantindo exclusividade no mercado. Também será positivo se possuir conotações positivas dentro dos mercados atendidos, transmitindo uma imagem favorável e atraindo o público-alvo. E por fim, conectado ao seu visual, uma vez que deve ser adaptável para ser representado graficamente em logotipos, textos e arquitetura da marca, permitindo uma identidade visual forte e reconhecível.

A trajetória da Ben & Jerry's teve início em 1978, quando dois amigos de escola, Ben Cohen e Jerry Greenfield, decidiram abrir sua primeira sorveteria. Eles embarcaram nessa aventura depois de concluírem um curso de fabricação de sorvetes por correspondência. Como eles sempre priorizaram ingredientes naturais e de qualidade, com o sabor de "feito em casa", o início modesto não apenas simboliza a perseverança e a paixão dos fundadores, mas também encapsula a essência da marca, que se tornaria sinônimo de sorvetes artesanais de sabor excepcional.

Figura: Logo Ben And Jerry's

Fonte: https://www.benandjerry.com.br/

Os nomes também podem ser acompanhados de slogans. Os slogans exercem influência no comportamento de compra dos consumidores ao despertarem uma resposta emocional. Eles consistem em frases breves que encapsulam a essência, personalidade e posicionamento da marca de uma empresa, diferenciando-a dos concorrentes.

4.4.2 Itens de Design (do Manual de Identidade Visual)

Para a especialista em design, Wheeler (2009), reduzir uma ideia complexa (como a identidade de uma empresa) à sua essência visual é uma tarefa que exige muito mais do que simplesmente habilidade e foco; é uma jornada que requer paciência e disciplina sem fim. Para os designers, o processo de criação envolve uma exploração incansável, examinando centenas de ideias antes de se concentrar em uma escolha final. Mesmo quando uma ideia finalmente emerge, o verdadeiro teste de sua viabilidade ainda está por vir, dando início a mais uma rodada de exploração para garantir que ela seja única e diferenciada.

Sendo assim, projetar algo que será reproduzido em larga escala, provavelmente milhões de vezes, e que terá uma vida útil de décadas, é uma enorme responsabilidade. A criatividade é uma trilha que pode levar a diferentes destinos, e a dinâmica de trabalho varia de designer para designer. Cada abordagem preliminar pode servir como um catalisador para uma abordagem ainda mais inovadora. O desafio é criar uma forma simples que seja, ao mesmo tempo, ousada, memorável e adequada, enfrentando um ambiente visual supersaturado em nossas vidas cotidianas.

Uma identidade visual eficaz deve ser versátil, adaptando-se facilmente a várias mídias e aplicativos. Além de criar uma marca do zero, as marcas são também melhoradas ou adaptadas ao longo dos anos. Os melhores logotipos não são meramente estáticos; são projetados com durabilidade e sustentabilidade em mente. Assim, projetos que envolvem redesenho exigem um cuidadoso exame da equidade da forma existente e a compreensão de seu significado para a cultura da empresa.

Em explicação da Associação dos Designers Gráficos citada por Cameira (2020) a identidade visual é "o conjunto sistematizado de elementos gráficos que identificam visualmente uma empresa, uma instituição, um produto, ou um evento, personalizando-os, tais como um logotipo, sistema gráfico, uma tipografia, um conjunto de cores". E para o trabalho de design, seja na criação de uma marca ou redesenho, estes aspectos são avaliados.

Por isso, conforme cita Wheeler (2009), um logotipo é muito mais do que apenas uma palavra em uma fonte específica. É uma representação visual essencial da identidade de uma empresa, capaz de transmitir mensagens poderosas sobre sua personalidade, valores e posicionamento no mercado.

A seguir, de forma mais detalhada, cada um dos componentes da identidade visual de uma marca.

A. O Logo

Para Wheeler (2009) as marcas, concebidas com uma infinidade quase ilimitada de formas e personalidades, podem ser agrupadas em várias categorias gerais. Desde abordagens literais até simbólicas, envolvendo tanto palavras quanto imagens, o universo das marcas continua a expandir-se a cada dia. As fronteiras entre essas categorias são maleáveis, permitindo que muitas marcas combinem elementos de mais de uma delas.

Não há regras inflexíveis sobre qual abordagem funciona melhor. Cada tipo de identidade possui benefícios e limitações que dependem de diversos fatores. O que importa é que a solução de design responda efetivamente ao problema que precisa ser resolvido. A seguir alguns tipos de logos mais usadas:

+ Marcas Nominativas: O uso do nome de empresa ou nome de produto que foi projetado para transmitir um atributo ou posicionamento de marca.

Figura: Logo Samsung

SAMSUNG

Fonte: https://www.samsung.com/br/about-us/brand-identity/logo/

+ Formas de letras: Um design exclusivo usando uma ou mais formas de letras que atuam como um dispositivo mnemônico para o nome de uma empresa.

Figura: Logo HP

Fonte: https://brandcentral.hp.com/us/en/elements/hp-logo.html

+ Emblemas: Uma marca na qual o nome da empresa é conectado a um elemento pictórico.

Figura: Logo Starbucks

Fonte: https://creative.starbucks.com/logos/

+ Marcas pictóricas: Uma imagem literal imediatamente reconhecível que foi simplificada e estilizada.

Figura: Logo *Apple*[4]

Fonte: https://www.apple.com/br/legal/intellectual-property/guidelinesfor3rdparties.html

---

4   Uso da logo de forma independente apenas como fins didáticos de referência, sem fins comerciais ou outros. Marca registrada para Apple Inc.

+ **Marcas abstratas/simbólicas:** Um símbolo que transmite uma grande ideia e muitas vezes incorpora ambiguidade estratégica.

Figura: Logo Audi

Fonte: https://www.audi.com/ci/en/intro/brand-appearance.html

B. A Tipografia

A criação de um logotipo verdadeiramente eficaz exige habilidades cuidadosas e uma exploração minuciosa da tipografia. Os designers empenham-se em examinar centenas de variações tipográficas, considerando detalhes como o estilo das letras, suas formas e como elas se relacionam entre si. A legibilidade é uma preocupação fundamental, independentemente da escala ou do meio em que o logotipo será utilizado. Desde serigrafias em canetas esferográficas até enormes letreiros externos, a marca deve ser reconhecível e impactante.

A consistência na tipografia contribui para a criação de uma imagem unificada e coerente da empresa, algo essencial para transmitir uma identidade única e legível. A escolha cuidadosa das fontes não apenas adiciona personalidade, mas também desempenha um papel importante em direcionar a atenção do público para os elementos mais relevantes da comunicação visual.

Algumas empresas especializadas em identidade corporativa vão além e projetam fontes personalizadas exclusivas para seus clientes, garantindo que sua tipografia seja verdadeiramente distinta e alinhada aos valores e personalidade da marca.

C. A Cor

Também para Wheeler (2009) a cor, como ferramenta poderosa, vai além de meramente transmitir estética; ela é capaz de evocar emoções profundas e expressar a personalidade de uma marca. Ao estimular a associação com determinados produtos ou empresas, as cores aceleram a diferenciação e tornam-se fundamentais na construção de identidades marcantes. Como consumidores, muitas vezes somos guiados pela familiaridade com as cores emblemáticas de marcas icônicas, como o vermelho característico da Coca-Cola, que nos permite identificá-las instantaneamente.

A influência da cor não se limita apenas à leitura visual, mas também desempenha um papel essencial no processo de percepção e cognição. O cérebro, ao registrar formas, primeiro absorve a cor, antes mesmo de processar o conteúdo em si. Escolher a cor certa para uma nova identidade requer um entendimento aprofundado da teoria das cores, uma visão clara de como a marca deve ser percebida e diferenciada e a habilidade de manter consistência e significado em diversas mídias.

É interessante observar como as cores carregam conotações distintas em diferentes culturas, exigindo uma pesquisa minuciosa para garantir que a mensagem transmitida seja universal e bem recebida. Além disso, a cor pode ser afetada por diferentes métodos de reprodução, tornando essencial realizar testes para assegurar sua reprodução ideal em todas as plataformas.

Nesse cenário complexo, o designer atua como árbitro, assegurando a consistência das cores em todos os aplicativos, embora essa tarefa seja um desafio, especialmente considerando que a maioria do mundo ainda utiliza PCs como dispositivos de acesso. Testar e retestar a reprodução das cores é crucial para garantir que a marca seja representada de maneira fiel e coerente em diversos contextos.

Também segundo Wheeler (2009), a importância da cor na decisão de compra é impressionante, sendo responsável por cerca de 60% dessa decisão. Dessa forma, a compreensão da teoria das cores — quente *versus* frio, valores, matizes, sombras, cores complementares e contrastantes — torna-se uma competência valiosa para profissionais de marketing e design.

As cores também desempenham diferentes papéis na construção de uma identidade de marca. Algumas cores são utilizadas para unificar a identidade, enquanto outras têm uma função mais funcional, como clarificar a arquitetura da marca, diferenciando produtos ou linhas de negócios. Normalmente, a cor primária é atribuída ao símbolo da marca, enquanto a cor secundária pode ser destinada ao logotipo, descrição do negócio ou slogan.

A criação de famílias de cores é uma prática essencial para atender a diversas necessidades de comunicação e assegurar que a marca seja representada de forma coesa em diferentes mídias, sejam embalagens, impressões, sinalização ou mídia eletrônica.

Em suma, a escolha e o uso adequado das cores são elementos cruciais para o sucesso de uma marca. Elas não só evocam emoções, mas também contribuem para a identidade, diferenciação e reconhecimento da marca. Dominar a teoria das cores, garantir a consistência em todas as plataformas e compreender as implicações culturais são desafios importantes, mas que trazem resultados significativos no fortalecimento do valor da marca e na conexão com os consumidores.

Além do logo, cores e tipografia, outros elementos visuais desempenham um papel fundamental na consolidação da identidade de uma marca. Um deles é o ícone ou símbolo distintivo, que muitas vezes acompanha o logo ou pode ser utilizado de forma independente. Esses ícones têm o poder de transmitir a essência da marca em uma forma visual simplificada, facilitando o reconhecimento e a memorização da marca pelos consumidores. Eles podem evocar sentimentos, valores e significados associados à empresa, criando uma conexão emocional com o público-alvo. Exemplos notáveis incluem o "swoosh" da Nike e o "M" dourado do McDonald's, que se tornaram ícones mundialmente reconhecidos.

Outro elemento visual importante são os padrões e texturas exclusivas. Ao adotar padrões visuais consistentes em materiais de marketing, embalagens e ambientes físicos, a marca cria uma linguagem visual coesa e diferenciada. Esses padrões podem ser inspirados em elementos da identidade da marca, como sua história, cultura, produtos ou valores, reforçando a mensagem da marca de maneira subliminar. Quando os clientes encontram esses padrões repetidamente, estabelece-se uma associação mental com a marca, aumentando a lembrança e a fidelidade. A Burberry, por exemplo, é reconhecida pelo icônico padrão de xadrez presente em muitos de seus produtos, tornando-se um símbolo de status e elegância para os consumidores. Em conjunto, esses elementos visuais complementam o logo, cores e tipografia, fortalecendo a identidade de uma marca e criando uma experiência única e memorável para os consumidores.

Em resumo, os elementos visuais de uma marca, como o logo, as cores e a tipografia, e os demais citados, desempenham um papel essencial na consolidação de sua identidade. O logo, por exemplo, é a representação gráfica que identifica a marca de forma única e instantânea. Ele é a face visual da empresa e, quando bem projetado, pode comunicar seus valores, missão e personalidade de maneira eficaz. Além disso, o logo ajuda a criar uma conexão emocional com o público, tornando-se uma imagem facilmente reconhecível e memorável.

As cores também desempenham um papel crucial na identidade de uma marca. Cada cor tem associações psicológicas e emocionais distintas, e a seleção cuidadosa das cores certas pode influenciar a percepção dos clientes sobre a marca. Por exemplo, o uso de cores vivas e alegres pode evocar uma sensação de energia e entusiasmo, enquanto tons mais suaves e sutis podem transmitir uma imagem de elegância e sofisticação. A consistência no uso das cores em todos os materiais de marketing e comunicação ajuda a criar uma imagem coesa e fortalecer a identidade da marca.

Na década de 1970, as agências do Banco Itaú usavam placas com letreiros na cor preta, pois a justificativa para essa escolha era o nome. Prontamente identificado na língua tupi-guarani: "Itaú" traduzido para esse idioma significa "pedra preta". Essa conexão com as raízes da língua parecia ter sua lógica, no entanto, algo crucial estava ausente — a vivacidade de cores. Foi somente nos anos de 1980 que o laranja entrou em cena, trazendo vida às fachadas e permitindo que a marca, finalmente, se destacasse na paisagem urbana, gerando uma notável percepção de rede. Uma nova transformação ocorreu em 1992, quando as cores azul, para o fundo, e amarela, para as letras, foram oficialmente adotadas. A razão por trás dessa mudança foi clara: modernização. Com isso, a marca Itaú efetivamente se tornou luminosa, conquistando rapidamente o reconhecimento do público. O laranja passou a estar de forma indissociável ao Itaú, sendo prontamente incorporado em todas as comunicações da instituição e estabelecendo-se como um código de marca de suma importância.

Figura: História da cor laranja da marca Itaú[5]

Fonte: https://marcas.meioemensagem.com.br/itau/

---

5 Nesta imagem se vê a evolução da logo do Banco Itaú, que muda gradativamente de cor. A primeira versão é preta e branca (1972). A segunda versão permanece preta e branca (quadrado preto com letras brancas), mas a tarja laranja é inserida. Essa versão é mantida até 1992, sofrendo pequenas mudanças no lettering. A partir de 1992, a cor azul é introduzida no box e o amarelo nas letras Itaú. A cor laranja, na tarja ao fundo, sempre permaneceu. Por isso, a referência de cor da marca atualmente é esta, sendo a última atualização sofrida em dezembro de 2023, com a marca completamente laranja. Veja mais em https://www.itau.com.br/feito-de-futuro

Além disso, a tipografia também desempenha um papel fundamental na identidade visual da marca. O estilo de fonte escolhido pode refletir a personalidade da empresa, transmitindo uma imagem moderna, tradicional, descontraída ou formal. Uma tipografia bem selecionada e aplicada de forma consistente em todas as comunicações da marca contribui para a coesão visual e ajuda a estabelecer um tom e estilo consistentes, que são essenciais para construir o reconhecimento e a confiança dos clientes. Em suma, a harmonia e a coerência entre esses elementos visuais são essenciais para consolidar a identidade visual de uma marca, tornando-a facilmente distinguível e memorável em um mercado cada vez mais competitivo.

4.5 Fatores de marketing determinantes para a construção de marcas sólidas

Philip Kotler, considerado um dos principais especialistas em marketing do mundo, sempre abordou em suas obras sobre a construção de marcas sólidas. Para ele, existem vários fatores-chave identificados como determinantes para o sucesso na construção de marcas. Inclusive, para ele, os gastos com marketing de produtos e serviços são considerados como investimento para o conhecimento da marca por parte do consumidor. Ele também considera que apesar da escolha criteriosa dos elementos de marca para render frutos na sua imemorabilidade e conhecimento, atividades de marketing voltadas para o produto ou serviço são consideradas bastante importantes.

Além disso, de forma completa e ampla, as estratégias de promoção, publicidade, propaganda e uma série de outras ações de contato e presença nos meios de comunicação e com a empresa são fundamentais para manter a marca relevante na mente dos consumidores. Assim, o que é considerado como *comunicação integrada*[6] é um dos pilares mais

---

6   Para Ferrell e Hartline (2005) a Comunicação Integrada de Marketing (CIM) engloba a aplicação estratégica e coordenada de diversos elementos promocionais com o objetivo de assegurar um impacto máximo sobre os consumidores atuais e potenciais.

importantes para a sustentação e construção de uma marca forte. Entre as muitas ações de comunicação, o boca a boca, interações com funcionários, atendimento *online* e presencial e até mesmo transações de pagamento, bem como outras ações e decisões de marketing são importantes para a construção da marca, no ponto de vista de Kotler (2006).

Neste mesmo pensamento, Kotler acredita que as estratégias que promovem a experiência do cliente também são fundamentais. Proporcionar uma experiência positiva ao cliente é essencial para construir uma marca sólida. Isso inclui desde o momento da compra até o pós-venda, garantindo a satisfação e fidelização dos consumidores.

Também do ponto de vista de Kotler (2006), marcas sólidas têm uma relação de proximidade com o seu público, envolvendo-os por meio de campanhas interativas, personalizadas, programas de fidelidade e outras estratégias que incentivem o engajamento e a participação dos consumidores. Ações que ele considera que possuem a permissão do consumidor.

Por isso, a mensagem da marca deve ser consistente em todas as suas comunicações e interações com o público. Kotler acredita que os programas de marketing devem ser integrados, mesclando e combinando atividades para maximizar os efeitos. Isso inclui pensar a identidade visual, a linguagem utilizada, o tom de voz e os elementos de comunicação e aproximação com o cliente de forma integrada de forma a fortalecer a identidade.

Em resumo, a construção de marcas sólidas envolve uma abordagem holística, que vai desde a definição da identidade da marca até a sua comunicação eficaz com o público-alvo, tudo isso pautado em valores consistentes e atenção contínua às necessidades e expectativas dos consumidores. Esses são alguns dos princípios fundamentais do marketing de marca que Kotler destaca em suas obras.

RESUMO

A identidade de marca refere-se à imagem fundamental que uma marca deseja projetar. Isso inclui seus valores, missão, cultura e promessa para os clientes. A identidade de marca fornece um conjunto de diretrizes que orientam todas as interações da marca com o público, garantindo consistência e coerência.

Já a personalidade de marca é uma extensão da identidade de marca, dando à marca atributos humanos e características que a tornam mais cativante para seu público-alvo. Essa personalidade pode ser aventurosa, confiável, amigável, entre outras. Ela ajuda na construção de uma conexão emocional com os consumidores.

Existem diversos modelos para se definir uma identidade de marca. O Modelo de Aaker propõe que a identidade de marca seja composta por quatro elementos principais: marca como produto, como organização, como pessoa e como símbolo. Ele enfatiza a importância de uma identidade de marca sólida como um ativo estratégico.

O Modelo de Kapferer identifica seis dimensões para a identidade de marca: física, personalidade, relacionamento, cultura, reflexo e mentalização. Essas dimensões ajudam a compreender como a marca é percebida e experimentada pelo público.

O Modelo de Keller destaca a importância da associação de marca, significado da marca e respostas do cliente. Ele enfatiza a criação de conexões profundas entre a marca e o consumidor, resultando em uma identidade de marca forte.

Sobre os elementos a se considerar ao criar uma marca incluem a definição clara do nome de marca e a criação de itens de design consistentes geralmente delimitados e especificados em um Manual de Identidade Visual. Esses componentes são cruciais para garantir que a marca seja reconhecível e coesa em todas as suas manifestações.

A construção de marcas sólidas depende de diversos fatores de marketing, como a segmentação de mercado adequada, a diferenciação da concorrência, a entrega consistente de valor, a gestão eficaz de crises e a criação de experiências memoráveis para os consumidores. Esses fatores contribuem para a construção da reputação e confiança da marca no mercado.

Em resumo, a construção da identidade e personalidade de marca é um processo complexo, envolvendo a definição da identidade, a criação de uma personalidade cativante e a adoção de modelos e elementos consistentes. Além disso, os fatores de marketing desempenham um papel crucial na criação de marcas sólidas e duradouras. Esses conceitos são fundamentais para o campo do marketing e *branding*, fornecendo diretrizes valiosas para o sucesso das marcas no mercado.

PERGUNTAS PARA EXPLORAR O TEMA:

- Quais são os princípios e diretrizes que você considera essenciais na construção da identidade e personalidade de uma marca, especialmente no contexto do *branding*?
- Como você vê a relação entre a identidade e personalidade de uma marca? São esses conceitos interdependentes ou existe uma hierarquia entre eles na construção de uma marca forte?
- Entre os modelos de Identidade de Marca de Aaker, Kapferer e Keller, você poderia destacar as principais características e diferenças entre eles? Como esses modelos podem ser aplicados na prática?
- Como a identidade e personalidade de marca podem ser usadas para estabelecer um relacionamento emocional com os consumidores? Você pode fornecer exemplos de marcas que fizeram isso de maneira eficaz?
- Como a confiança do consumidor e a lealdade à marca estão relacionadas à clareza e consistência da identidade e personalidade da marca?
- Na construção da identidade de marca, quais são os elementos-chave que você acredita que devem ser considerados? Como esses elementos contribuem para a formação da personalidade da marca?

- Em relação à Identidade Visual de Marcas, quais são os principais componentes que desempenham um papel crucial na comunicação da identidade da marca aos consumidores?
- Em termos práticos, como as empresas podem criar um guia claro para apresentar sua marca ao público com base em sua identidade e personalidade? Existem métodos ou estratégias específicas que você considera eficazes?
- Quais fatores de marketing você considera determinantes para a construção de marcas sólidas? Como esses fatores interagem com a identidade e personalidade da marca?
- No contexto de campanhas de marketing, como a compreensão da identidade e personalidade de uma marca pode influenciar a criação de mensagens e estratégias persuasivas?

REFERÊNCIAS

AAKER, D. A. **Criando e administrando marcas de sucesso.** São Paulo: Futura, 1996.

AAKER, D. A. JOACHIMSTHLER, E. **Como construir marcas líderes.** São Paulo: Futura, 2000.

CAMEIRA, S. R. **Branding + design: a estratégia na criação de identidades de marca.** São Paulo: Editora Senac, 2020.

CONSOLO, Cecilia. **Marcas: design estratégico.** Do símbolo à gestão da identidade corporativa. São Paulo: Blucher, 2015.

FERRELL, O. C.; HARTLINE, Michael D. **Estratégia de Marketing.** São Paulo: Pioneira Thomson Learning, 2005.

FOURNIER, S. Consumers and their brands: Developing relationship theory in consumer research. **Journal of Consumer Research,** 24(4): 343-373, 1998.

KAPFERER, Jean-Noël. **As marcas, capital da empresa: criar e desenvolver marcas fortes.** Porto Alegre: Bookman, 2004.

KELLER, K. L. e MACHADO, M. **Gestão estratégica de marcas.** São Paulo: Pearson Prentice Hall, 2006.

KOHLI, Chiranjeev; LABAHN, Douglas W. Creating effective brand names: A study of the naming process. **Journal of advertising research,** 1997, 37.1: 67-75.

KOTLER, P., KELLER, K. L. **Administração de Marketing.** São Paulo: Pearson Prentice Hall, 2006.

TAVARES, Mauro Calixta. **Gestão de marcas: construindo marcas de valor.** São Paulo: HARBRA, 2008.

WHEELER, A. **Designing brand identity: an essential guide for the entire branding team.** Published by John Wiley & Sons, Inc., Hoboken, New Jersey. 2009.

Capítulo 5

5. Expansão e Comunicação de marcas

Como já dito anteriormente, no mundo empresarial contemporâneo, a comunicação desempenha um papel fundamental na expansão e consolidação de marcas. Neste capítulo, haverá um aprofundamento nas intricadas estratégias e táticas que envolvem a comunicação e a expansão das marcas. Será explorada a importância da arquitetura de marcas, analisando como a estrutura de várias marcas em uma mesma organização pode influenciar sua capacidade de crescimento e adaptabilidade em um ambiente em constante evolução. Além disso, será discutido o impacto das estratégias de comunicação das marcas, incluindo o contexto digital, considerando como a era transformou a forma como as marcas se comunicam e se conectam com seu público. Também será abordado sobre os *touchpoints* no *branding*, destacando a importância de cada ponto de contato entre uma marca e seus consumidores na construção de relacionamentos duradouros e na expansão bem-sucedida da marca.

5.1 Arquitetura de marcas

A expansão de empresas é um objetivo almejado por muitos empreendedores e gestores. No entanto, alcançar esse objetivo requer estratégias bem planejadas e executadas. Portanto, antes de falar diretamente sobre arquitetura de marcas é interessante ressaltar os diferentes caminhos estratégicos tomados por empresas para expandir seus negócios. Conforme explica Tavares (2008) duas abordagens amplamente adotadas para a expansão são a criação de linhas de produtos e a extensão de marcas. Embora ambas busquem aumentar a presença e os lucros da empresa, esses caminhos estratégicos diferem significativamente em suas abordagens e implicações.

A criação de linhas de produtos envolve o desenvolvimento e a introdução de novos produtos ou serviços que se relacionam diretamente com o portfólio existente da empresa. Essa estratégia visa atender às necessidades dos clientes de forma mais abrangente, aproveitando a *expertise* da empresa em seu mercado atual. Por exemplo, uma empresa que produz roupas esportivas pode expandir sua linha de produtos introduzindo tênis esportivos, meias e outros acessórios relacionados. A principal vantagem dessa abordagem é a capacidade de atingir um público-alvo já estabelecido e aproveitar a reputação da marca existente.

Por outro lado, a extensão de marcas implica em utilizar o nome e a identidade da marca para entrar em novos mercados ou segmentos. Nesse caso, a empresa busca capitalizar a confiança e o reconhecimento que sua marca já possui, aplicando-a a produtos ou serviços que podem ser diferentes dos produtos originais da empresa. Por exemplo, uma empresa de refrigerantes pode estender sua marca para produtos de lanches, como batatas fritas ou chocolates. A grande vantagem dessa estratégia é a alavancagem da reputação e do conhecimento da marca, o que pode acelerar a aceitação do novo produto ou serviço no mercado.

Em conclusão, a expansão de empresas por meio de linhas de produtos e extensão de marcas são estratégias válidas, mas diferem em abordagem e riscos. A escolha entre esses caminhos depende da natureza da empresa, de sua capacidade de gestão de marca e do mercado em que atua. Ambas as estratégias têm potencial para o crescimento, desde que sejam planejadas e executadas com cuidado e consideração das implicações envolvidas.

Dito isso, segue-se com a escolha de neste livro se falar especificamente sobre a expansão de marcas. Assim, a arquitetura de marcas é um campo fundamental dentro do marketing que se concentra na estruturação e organização das marcas em portfólios de empresas. Ela trata da maneira como as diversas marcas de uma mesma organização se relacionam e se interconectam, ajudando a definir sua identidade e propósito. Essa área de estudo visa criar uma hierarquia clara e coerente de marcas para que as empresas possam otimizar suas estratégias de marketing e comunicação, além de facilitar a tomada de decisões relacionadas à expansão, diversificação e gestão de portfólios.

No conceito tradicional de arquitetura, o sentido é de projetar criativamente ambientes ou edificações.

Richard Branson, criador do grupo Virgin, é um exemplo inspirador de empreendedorismo e visão estratégica. Antes de abandonar definitivamente o colégio, Branson mostrou sua veia empreendedora criando a revista "Student", que não era apenas mais uma revista estudantil, mas se tornou a voz de milhares de estudantes ingleses. A habilidade de Branson de enxergar oportunidades em momentos difíceis e frustrantes, fez com que seus negócios se expandissem e se tornassem um dos maiores conglomerados de empresas do mundo. Quando a revista "Student" enfrentou desafios financeiros pela falta de anunciantes, Branson se capitalizou a partir de sua base de leitores fiéis, criando a Virgin Mail Order, uma distribuidora de discos para atender à demanda dos compradores, enviando discos pelos correios. A partir daí, outros negócios vieram, como um estúdio de gravação e, posteriormente, uma gravadora. Sua visão audaciosa o levou a estabelecer a Virgin Records, importante gravadora do Reino Unido, posteriormente a Virgin Atlantic Airways uma empresa aérea e Branson expandiu seus negócios para diversas áreas, incluindo telecomunicações, ferrovias, saúde e até mesmo o espaço, com a Virgin Galactic.

Figura: Grupo Virgin

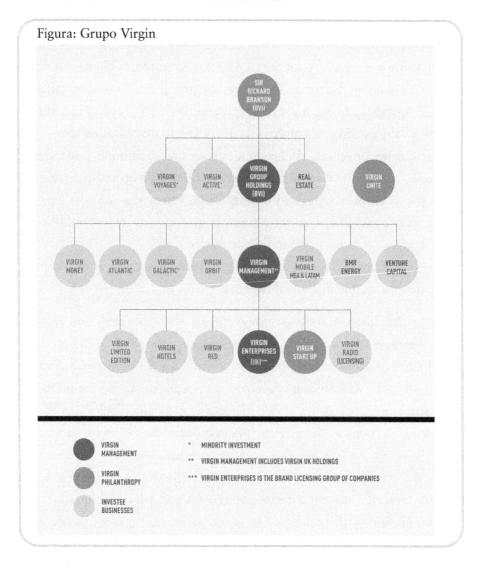

Fonte: https://www.virgin.com/about-virgin/virgin-group/overview

Ao desenvolver uma arquitetura de marcas eficaz, há alguns pontos principais de atenção. Para Keller (2006) devem ser levados em consideração, o número de níveis de hierarquia a usar, a lembrança de marca desejada em cada nível, como são combinados os elementos de marca em níveis diferentes e por fim, como qualquer um dos elementos da marca é associado a vários produtos. Além destes, é também importante decidir sobre o direcionamento e posicionamento de mercado e a hierarquia entre as marcas.

Assim, uma análise detalhada dos diferentes segmentos de mercado e das necessidades do cliente é crucial para definir quais marcas serão mais relevantes para cada público-alvo. E da mesma forma é importante pensar que cada marca deve ter um posicionamento claro e único no mercado. Isso ajuda a evitar a canibalização e a competição interna.

E por fim, é necessário estabelecer uma hierarquia clara que indique como as diferentes marcas se relacionam. Isso pode envolver marcas corporativas, marcas de produtos e marcas de subprodutos, cada uma com seu papel específico.

Em resumo, a arquitetura de marcas desempenha um papel fundamental na construção e gestão de marcas de sucesso. Com uma estrutura de marcas bem planejada, as empresas podem fortalecer sua identidade, maximizar o valor de suas marcas e tomar decisões estratégicas informadas.

5.1.1 Os relacionamentos entre as marcas

Evidenciar os relacionamentos entre as diversas marcas de um mesmo portfólio está entre os benefícios de se estabelecer uma arquitetura de marcas para uma empresa. E existem vários tipos de relacionamentos entre marcas, cada um com suas próprias características e estratégias. Para Aaker (1998) eles se concentram em quatro formatos estratégicos: a casa com marcas (modelo monolítico de marcas), as marcas endossadas, as submarcas e a casa de marcas.

A. Casa com Marca

Neste modelo, a empresa pode usar uma única marca para todos os seus produtos e serviços, ou uma derivação de sua marca, remetendo sempre à origem. A "Casa com Marcas" é uma estratégia que se destaca por sua simplicidade e foco singular. É um modelo em que todos os produtos, serviços e subcategorias de uma empresa são agrupados sob uma única marca mestra. Isso significa que todos os produtos ou serviços são diretamente associados à marca principal, compartilhando sua imagem, valores e reputação. Um exemplo clássico desse modelo é a FedEx (marca americana de entregas presente em vários países do mundo), que coloca todos os seus produtos ou serviços, com o mesmo nome (ou próximo dele), sob o mesmo guarda-chuva de marca.

Figura: Empresas do grupo FedEx

Fonte: https://investors.fedex.com/company-overview/overview-of-services/default.aspx

Uma das vantagens mais evidentes da arquitetura de marcas "Casa com Marcas" é a simplificação da gestão de marcas. Ao unificar todos os produtos e serviços sob uma única identidade, a empresa economiza tempo e recursos que seriam gastos na criação e manutenção de várias marcas separadas. Além disso, essa abordagem ajuda a evitar a diluição da marca, garantindo que a imagem e os valores principais sejam consistentemente transmitidos.

Outro benefício importante é o fortalecimento da imagem da marca. Uma marca única cria uma associação mais forte e duradoura na mente dos consumidores, pois todos os produtos ou serviços são percebidos como parte de uma mesma família. Isso pode aumentar a lealdade do cliente e facilitar a introdução de novos produtos no mercado, aproveitando a confiança já estabelecida na marca.

Além disso, a estratégia de "Casa com Marcas" permite maior flexibilidade na expansão e diversificação dos negócios. À medida que a empresa cresce e introduz novos produtos ou serviços, eles podem ser facilmente incorporados à marca principal, sem a necessidade de criar uma nova identidade para cada um. Isso simplifica o processo de expansão e reduz os riscos associados à introdução de novos produtos no mercado.

Por outro lado, é importante reconhecer que a estratégia de "Casa com Marcas" pode não ser adequada para todas as empresas e setores. Em indústrias onde a diversificação é alta e os públicos-alvo são muito diferentes, pode ser mais eficaz optar por uma arquitetura de marcas mais segmentada. Além disso, a gestão de crises em uma marca única pode ser mais desafiadora, já que qualquer problema com um produto ou serviço pode afetar diretamente toda a imagem da empresa.

B. Submarcas

As submarcas são marcas que estão estrategicamente posicionadas sob uma marca-mãe, compartilhando sua identidade e valores, e funcionando como elemento impulsionador. Elas são uma resposta ao desafio de atender mercados competitivos e o desafio de parecer mais atraentes e diferenciadas. Permitem que as empresas expandam sua presença no mercado sem diluir a identidade de sua marca principal. E ainda podem significar uma oferta mais atrativa e vinculada a uma novidade anunciada.

Como exemplo, pode-se citar a Firefox que lançou as submarcas Firefox Send, Firefox Monitor, Firefox Lockwise e Firefox Browser, com ofertas diferenciadas de serviços.

Figura: Submarcas Firefox

Fonte: https://mozilla.design/firefox/

Para Aaker (2000) o vínculo entre as submarcas e sua marca-mãe é mais estreito do que o vínculo entre marcas endossadas. No entanto, é importante ressaltar que a implementação de submarcas requer uma gestão cuidadosa para garantir a coerência e a integridade da marca-mãe, pois uma submarca tem potencial considerável para afetar as associações com a marca-mãe. A comunicação e a estratégia de marketing devem ser alinhadas para evitar confusão entre as submarcas e garantir que cada uma delas contribua para o sucesso global da empresa.

C. Marca Endossada

As marcas endossadas, também conhecidas como "marcas subordinadas" ou "marcas coexistentes", envolvem a criação de várias marcas distintas que são unificadas por uma marca principal ou matriz. Nesse modelo, a marca principal empresta sua credibilidade, reputação e equidade para as marcas filhas ou subordinadas. O endosso geralmente acontece em forma de assinatura (*powered by...* ou uma empresa do grupo...). Neste caso, a empresa originária é uma marca-mãe, que é usada como um endosso para todas as suas outras marcas. Como exemplo podemos citar a marca Coca-Cola que possui várias marcas como Água Crystal, Sucos Dell Valle, entre outras e todas ostentando o nome da marca-mãe como um endosso.

Figura: Marcas Endossadas Coca-Cola

Fonte: https://www.cocacolabrasil.com.br/marcas

Existem várias razões pelas quais as empresas optam pela arquitetura de marcas endossadas. Primeiramente, essa estratégia permite que as organizações alcancem diferentes segmentos de mercado ou nichos de consumidores, mantendo a consistência da marca-mãe. Cada marca subsidiária pode ser direcionada para atender às necessidades específicas de um público-alvo, mantendo ao mesmo tempo a conexão com a marca principal.

Além da diversificação de produtos, as marcas endossadas também podem ser usadas como parte de estratégias de consolidação de mercado. Empresas que adquirem outras marcas frequentemente mantêm a identidade dessas marcas, o que pode ajudar na transição suave e na retenção de clientes. A L'Oréal, por exemplo, possui marcas como Maybelline e Lancôme, que foram adquiridas em diferentes momentos, mas mantiveram suas identidades e públicos-alvo originais.

Além disso, as marcas endossadas permitem que as empresas aproveitem a reputação e o reconhecimento já conquistados pela marca-mãe. Isso é particularmente vantajoso quando se trata de lançar novos produtos ou entrar em mercados desconhecidos, pois a marca-mãe atua como uma garantia de qualidade e confiabilidade. Os consumidores tendem a confiar mais em produtos ou serviços associados a uma marca conhecida e respeitada.

Outra vantagem das marcas endossadas é a flexibilidade. As empresas podem adicionar ou remover marcas subsidiárias conforme necessário, adaptando-se às mudanças no mercado e nas preferências dos consumidores. Isso permite uma agilidade estratégica que pode ser crucial em um ambiente de negócios em constante evolução.

No entanto, a arquitetura de marcas endossadas também apresenta desafios. Uma gestão eficaz é fundamental, garantindo que todas as marcas-filhas se alinhem com os valores e a imagem da marca-mãe. A falha em manter essa consistência pode prejudicar a credibilidade da marca principal e afetar negativamente a reputação da empresa como um todo.

D. Marca Independente (Casa de Marcas)

A arquitetura de marca "Casa de Marcas" é uma estratégia na qual cada produto ou serviço de uma empresa é representado por uma marca independente. Essa abordagem é idealizada pelo autor David Aaker, que defende que cada marca deve ter sua própria identidade e posicionamento de mercado, de forma a evitar confusão ou diluição da marca corporativa.

Aaker (1998) argumenta que a "Casa de Marcas" é a melhor estratégia para empresas que operam em mercados diversificados ou que buscam atingir diferentes segmentos de consumidores. Nesses casos, a independência das marcas permite que cada uma se concentre em atender as necessidades específicas de seu público-alvo. A Unilever é um exemplo clássico, possuindo marcas como Dove, Ben & Jerry's e Lipton, cada uma com sua própria identidade e mercado.

Outro exemplo emblemático de marcas independentes e bem-sucedidas é a Procter & Gamble (P&G), uma gigante dos produtos de consumo. A P&G possui uma marca-mãe reconhecida globalmente, mas também uma ampla gama de outras marcas, como Gillette, Pampers, Ariel e Oral-B. Cada uma dessas marcas se concentra em um nicho de mercado diferente, atendendo às necessidades específicas dos consumidores. Isso permite que a empresa se expanda em diversos segmentos, mantendo a confiança de seus clientes.

Figura: Diversas marcas P&G

Fonte: https://us.pg.com/brands/

Outra vantagem da "Casa de Marcas" é que ela permite que a empresa crie marcas fortes e diferenciadas. Isso pode ser alcançado por meio de uma comunicação e marketing direcionados, que visam construir uma imagem e personalidade únicas para cada marca.

Neste modelo, a empresa mantém marcas separadas e distintas para cada um de seus produtos ou divisões. Embora a "Casa de Marcas" seja uma estratégia eficaz em muitos casos, ela também apresenta alguns desafios. Um deles é que pode ser mais cara do que outras abordagens, pois exige a criação e o gerenciamento de várias marcas. Outro desafio é que pode ser difícil manter a coerência entre as marcas, de forma a evitar que elas se tornem concorrentes entre si.

E. Modelo Híbrido

Alguns autores também consideram o modelo híbrido como uma possibilidade para estratégias na arquitetura de marcas. Ele tem emergido como uma abordagem inovadora e eficaz, permitindo às empresas uma maior flexibilidade na gestão de suas marcas e na adaptação às complexidades do mercado globalizado.

O modelo híbrido de arquitetura de marcas é caracterizado pela combinação de elementos de diferentes tipos de arquitetura de marcas, como marcas corporativas, marcas de produtos, marcas de subunidades e marcas individuais. Esse modelo busca encontrar um equilíbrio entre a consistência da marca e a adaptabilidade às diferentes necessidades e estratégias de negócios.

Uma das principais vantagens do modelo híbrido é a capacidade de uma empresa manter uma identidade corporativa forte, ao mesmo tempo que permite a flexibilidade de criar submarcas ou marcas individuais para produtos específicos. Isso é particularmente benéfico em setores onde a diversificação de produtos e serviços é comum. Por exemplo, uma empresa de tecnologia pode ter uma marca corporativa sólida, mas também desenvolver marcas individuais para seus diferentes produtos, criando assim uma identidade única para cada um deles.

Além disso, o modelo híbrido pode ser adaptado de acordo com as necessidades de diferentes mercados e regiões geográficas. Isso permite que a empresa mantenha uma identidade global consistente, ao mesmo tempo que se adapta a preferências locais e culturais. Essa flexibilidade é fundamental em um mundo onde as empresas buscam conquistar mercados internacionais.

Outro aspecto relevante do modelo híbrido é sua capacidade de facilitar parcerias estratégicas e aquisições. Quando duas empresas se unem, cada uma com sua própria arquitetura de marcas, o modelo híbrido permite uma transição mais suave, permitindo a combinação de elementos das marcas de ambas as empresas de forma coerente.

Para finalizar, é importante dizer que a escolha da arquitetura de marcas depende da estratégia da empresa, do mercado-alvo, dos objetivos de marketing e das sinergias entre os produtos ou serviços oferecidos. Cada abordagem tem suas próprias vantagens e desafios, e a decisão sobre qual usar deve ser baseada em uma compreensão sólida da marca e das metas da empresa.

5.2 Comunicação Integrada e marcas

Como já mencionado anteriormente, com a evolução nos contextos atuais, a importância da comunicação tem crescido consideravelmente dentro de todas as estratégias de marketing, especialmente para aquelas que buscam assegurar o êxito dos programas de construção de marca. Isso implica que a imagem da marca precisa ser adequadamente gerenciada por meio de seus canais de comunicação integrada, destacando-se pela amplitude de oportunidades e ações viáveis oferecidas pelo uso da tecnologia na comunicação. Esta tecnologia proporciona de maneira consistente uma variedade de informações aos consumidores. O que se pretende a partir daqui é identificar e estabelecer os fatores cruciais do papel da comunicação integrada no marketing para a construção do valor da marca.

A Comunicação Integrada de Marketing (CIM), como se chama o processo de comunicação das empresas, desempenha um papel fundamental na construção do valor da marca, e sua evolução no mundo digital tornou-se uma preocupação central para as organizações que buscam uma presença eficaz no mercado.

Mas antes se faz necessário ampliar o conhecimento sobre a própria comunicação, neste contexto contemporâneo. Sabe-se que o processo de comunicação sempre foi considerado complexo e envolvendo várias etapas, mas atualmente é também influenciado por avanços tecnológicos e mudanças na sociedade. Parte-se do pressuposto que as empresas são emissores, fontes das mensagens, e os receptores, os consumidores, os destinatários destas mensagens. Além disso, o conteúdo que o emissor deseja comunicar ao receptor, pode ser uma informação, uma ideia, uma história, um produto, ou qualquer forma de conteúdo que tenha valor para o receptor. Assim, no mundo digital contemporâneo, as mensagens podem ser transmitidas por meio de texto, imagens, vídeos, áudios, emojis e até mesmo realidade virtual ou aumentada, dependendo da plataforma e do meio escolhido. Também podem ser direcionadas em qualquer sentido, seja do emissor para o receptor ou o inverso. O consumidor hoje também emite mensagens as empresas, e ora se comporta como receptor, ora como emissor. E o canal de comunicação, que é o meio pelo qual a mensagem é transmitida do emissor ao receptor, pode se apresentar em uma grande variedade de canais incluindo os digitais, como redes sociais, e-mail, mensagens de texto, aplicativos de mensagens instantâneas, *websites*, blogs, *podcasts*, entre outros. A escolha do canal depende do público-alvo e dos objetivos de comunicação. Logo, para as empresas a comunicação na atualidade com fins de desenvolvimento de marca se tornou um processo ainda mais complexo.

Desta forma, a CIM é justamente essa abordagem estratégica que busca unificar todas as formas de comunicação de uma empresa em uma mensagem coesa e consistente. Ela se baseia na ideia de que a comunicação deve ser planejada de forma integrada, incluindo publicidade, relações públicas, marketing direto, promoções e marketing digital, a fim de criar uma percepção positiva da marca junto ao público-alvo.

Por isso é importante conhecer cada tipo de comunicação e quais resultados promove no processo de desenvolvimento de uma marca para que se possa integrá-las de forma consistente.

A. Propaganda

A propaganda é uma forma paga de comunicação que visa promover produtos, serviços ou a própria marca. Geralmente, é veiculada em mídias tradicionais, como televisão, rádio, jornais, revistas e, mais recentemente, na internet. Seu objetivo principal é criar consciência e interesse no público-alvo, por meio de mensagens persuasivas e criativas. É importante definir o que a propaganda visa alcançar, seja aumentar o reconhecimento da marca, promover um produto específico ou gerar conversões. Além disso, contribui para a valorização da marca pensar na consistência visual e de mensagem (as mensagens e elementos visuais devem ser consistentes com a identidade da marca, incluindo logotipo, cores e valores).

B. Publicidade

A publicidade é uma forma de comunicação não pessoal da organização ou produto que não é diretamente paga ou tem a identificação do patrocinador. A essência da publicidade reside na comunicação: transmitir uma mensagem de forma a garantir sua entrega eficaz ao receptor. Geralmente surge na forma de notícia, editorial, entrevista ou outras. Deve ser alinhada com os objetivos gerais de marketing da marca, garantindo uma mensagem coesa.

C. Relações Públicas

As Relações Públicas (RP) são responsáveis pela gestão da imagem e reputação da marca. Isso envolve a comunicação com o público, a mídia e outros *stakeholders* para construir uma imagem positiva da marca.

As RP também lidam com a gestão de crises e eventos que afetam a reputação da empresa. Além disso, as atividades de RP devem ser coordenadas com outros canais de comunicação para garantir que as mensagens não se contradigam.

D. Marketing Direto

O marketing direto envolve a comunicação direta com os clientes ou consumidores em potencial. Isso inclui e-mail marketing, mala direta, telemarketing e outras formas de interação direta para promover produtos, serviços ou ofertas personalizadas. O marketing direto permite uma comunicação personalizada com os clientes, levando em consideração seus interesses e histórico de compras. E os dados coletados por meio do marketing direto podem ser usados para melhorar a segmentação e a personalização em outros canais.

E. Promoções

As promoções referem-se a atividades de curto prazo que incentivam a compra ou ação imediata do consumidor. Isso pode incluir descontos, cupons, concursos, brindes e eventos especiais. O objetivo das promoções é estimular o interesse e a participação do público, muitas vezes criando um senso de urgência. No entanto, as promoções devem refletir os valores e a imagem da marca, evitando ações que possam parecer desconectadas. E podem ser usadas como parte de campanhas maiores para incentivar a ação do público.

F. Venda Pessoal

A venda pessoal envolve a interação direta entre um profissional de vendas da empresa e um cliente em potencial. Para esta ação de comunicação a personalização e a construção de relacionamentos desempenham um papel crucial no processo de venda. Os profissionais de vendas devem estar alinhados com a mensagem da marca e capazes de comunicá-la de forma consistente. Além de que a equipe de vendas pode fornecer *feedback* valioso sobre como os clientes estão respondendo às mensagens e ofertas.

G. Marketing Digital

O marketing digital abrange todas as atividades de marketing realizadas *online*. Isso inclui publicidade na *web*, otimização de mecanismos de busca (Search Engine Optimization), uso de mídias sociais, marketing de conteúdo, e-mail marketing e muito mais. O marketing digital é altamente mensurável e permite que as marcas alcancem públicos segmentados com facilidade. Ele ainda permite a coleta de dados valiosos sobre o comportamento dos clientes, que podem ser usados para melhorar a segmentação e personalização.

Por fim, a integração da comunicação de uma marca para seu desenvolvimento e fortalecimento envolve a coordenação cuidadosa de todos os seus aspectos, desde a propaganda até o marketing digital.

5.2.1 Processo de comunicação e a marca

Autores como Philip Kotler e Kevin Lane Keller destacam a importância da CIM na criação de uma imagem de marca sólida. Kotler (2012) argumenta que a CIM é essencial para "construir, comunicar e entregar valor ao cliente de maneira eficaz". Keller (2006), por sua vez, enfatiza que a associação de uma marca a sentimentos, experiências e valores positivos, construídos a partir da comunicação integrada, é um dos pilares do valor da marca.

No entanto, no processo de comunicação, conhecer emissor, receptor e mensagem não é suficiente para que o entendimento desta última aconteça de forma satisfatória. Há ainda que se entender como transmitir a mensagem (codificá-la) e como o público pode decodificá-la (interpretar). A codificação refere-se ao processo de transformar a mensagem em um formato compreensível para o canal de comunicação escolhido. Por exemplo, escrever um texto ou criar um vídeo são formas de codificar a mensagem. A decodificação é o processo inverso, no qual o receptor interpreta e compreende a mensagem com base em seu conhecimento, experiências e contexto.

A partir desse processo é que se chega ao *feedback*, que no caso das empresas é a resposta ou reação do receptor (seu consumidor) à mensagem (da marca). No ambiente digital, o *feedback* pode ser imediato, por meio de curtidas, comentários, compartilhamentos e métricas de engajamento. Esse *feedback* é valioso para o emissor (empresas), pois ajuda a avaliar a eficácia da comunicação e a adaptar futuras mensagens.

Ainda que o processo de comunicação transcorra de forma fluida para uns, há fatores que podem contribuir para que algo se perca no caminho. O ruído refere-se a quaisquer distrações ou interferências que possam afetar a clareza da mensagem durante a transmissão. Barreiras à comunicação podem incluir diferenças culturais, linguísticas, preconceitos e até mesmo problemas técnicos, como conexões de internet instáveis. O contexto e a cultura desempenham um papel crucial na compreensão da mensagem. As mensagens devem ser adaptadas para levar em consideração as normas culturais e sociais do público-alvo, para que sejam relevantes e eficazes.

Desta forma, a CIM bem planejada e arquitetada desempenha um papel crucial nesse processo, pois permite que a marca se comunique de forma efetiva com seus valores e objetivos, mesmo levando em consideração a presença de ruídos.

Isto porque na estruturação do planejamento de comunicação integrada, conforme citam Ogden e Crescitelli (2007), é importante levar em consideração quatro fatores que podem ajudá-la na tarefa de integração da mensagem e sucesso do plano: a consistência em termos de valores e propósitos da marca, a coerência da mensagem, a complementariedade dos meios usados, e a continuidade das ações. Quando aplicados de maneira estratégica, esses elementos ajudam a criar uma imagem de marca forte e confiável, construindo uma relação positiva com os consumidores e se diferenciando no mercado.

A consistência implica que a mensagem da marca seja uniforme em todos os pontos de contato com o público. Isso significa que a marca deve transmitir a mesma identidade, valores e atributos em todas as suas ações de comunicação, seja por meio de anúncios, redes sociais, *site*, embalagens ou atendimento ao cliente. A consistência ajuda a estabelecer uma imagem de marca sólida e confiável, pois os consumidores sabem o que esperar.

A coerência vai além da consistência, pois envolve a harmonia das mensagens em um contexto mais amplo. Significa que as mensagens não apenas são uniformes, mas também se encaixam logicamente e fazem sentido para o público. Isso requer que a marca tenha uma estratégia de comunicação clara e que todas as mensagens se alinhem com essa estratégia, evitando contradições.

Já a complementariedade envolve a coordenação das mensagens em diferentes meios de comunicação para que elas se reforcem mutuamente. Isso significa que as diferentes formas de comunicação da marca, como publicidade, mídia social e eventos, devem ser planejadas de forma a se complementarem, criando uma narrativa coesa e envolvente para o público.

E por fim, a continuidade diz respeito à manutenção da mensagem ao longo do tempo. Uma marca deve ser capaz de sustentar sua identidade e valores ao longo das mudanças no mercado e nas tendências. Isso significa que a mensagem deve ser relevante e atualizada quando necessário, mas sem perder a essência que a torna reconhecível e autêntica.

Keller e Machado (2006) também consideram a cobertura e a contribuição como fatores fundamentais para o sucesso de uma comunicação integrada. Por estes autores é importante pensar na proporção de público alcançada por cada forma de comunicação escolhida no planejamento para que se possa mensurar esse alcance. Além de também se pensar na capacidade que cada comunicação terá de oferecer respostas ao processamento de informações por parte dos consumidores.

Sendo assim, um planejamento estratégico para a comunicação integrada que leve em consideração seu caráter complementar, mantenha a consistência, coerência e coesão da mensagem da marca em todos os canais, além de sua continuidade ao longo do tempo, proporcionará uma experiência unificada e envolvente para o público.

5.2.2 Evolução da CIM no Mundo Digital

Nos dias atuais, a presença digital é crucial para o sucesso das marcas. A internet se tornou um ambiente rico em oportunidades de comunicação e engajamento com o público, e as empresas que compreendem a importância da Comunicação Integrada no ambiente digital estão em uma posição vantajosa para impulsionar suas marcas. O marketing digital deixou de ser um dos elementos da comunicação integrada para, por si só, apresentar diversas possibilidades de trabalhar a comunicação das empresas de forma a impulsionar suas marcas.

Com a ascensão do mundo digital, a CIM passou então por uma transformação significativa. A integração de plataformas *online* e *off-line* se tornou crucial para atingir o público de forma abrangente. A transformação no cenário de negócios, especialmente no que se refere a elementos como avanços tecnológicos e evolução da mídia, juntamente com mudanças no comportamento dos consumidores impactaram as decisões de Comunicação Integrada nas empresas. Além disso, os consumidores agora utilizam a internet como uma ferramenta fundamental na busca por informações que embasem suas decisões de compra. Isso, por sua vez, tem um impacto direto na forma como as empresas percebem e adotam os diferentes meios e estratégias de comunicação disponíveis (Belch; Belch, 2008).

Desta forma, a Comunicação Integrada no ambiente digital precisa se revelar como estratégica em todas as atividades de comunicação digital de uma empresa, de modo a garantir a consistência e coerência das mensagens transmitidas também neste ambiente. Isso inclui a integração de plataformas *online*, como *sites*, mídias sociais, e-mail marketing, blogs e anúncios *online*, para que todas as mensagens se alinhem com os objetivos e valores da marca.

Desta forma, o marketing digital não se limita a ser apenas um canal, mas constitui, na realidade, um conjunto de diversos canais. Além disso, ele não deve ser encarado unicamente como um meio digital, mas como uma «arena participativa» ou um «espaço comunicativo». Todos os *sites* e aplicativos disponíveis compartilham a característica fundamental de possibilitar a interação dos usuários, seja por meio da partilha de conteúdo ou da publicação de comentários. (Taminiem, 2016).

Por isso, da mesma forma que em planos de comunicação *off-line*, as empresas devem identificar o que desejam alcançar por meio de sua presença digital, seja aumentar o reconhecimento da marca, gerar *leads* (ou possíveis clientes), promover produtos ou fornecer suporte ao cliente. Esses objetivos devem estar alinhados com a estratégia geral da empresa e do planejamento de comunicação como um todo. Também devem identificar seu público-alvo e entender suas necessidades, preferências e comportamento *online*. Isso permite a criação de mensagens e conteúdo altamente direcionados, aumentando a eficácia da comunicação.

E por falar em conteúdo, este tem um papel central na Comunicação Integrada no ambiente digital. As empresas devem criar conteúdo de qualidade que seja relevante para seu público e que transmita os valores e a identidade da marca. Isso inclui artigos, vídeos, infográficos, *podcasts* e outros formatos que sejam atrativos e informativos. Afinal as diretrizes do *marketing de conteúdo*[7] hoje se sobrepõem ao marketing tradicional no que diz respeito a comunicação com públicos em relação a sua confiança e lealdade de marca.

É também por meio do conteúdo que outra prática recorrente no cenário contemporâneo digital pode contribuir para o sucesso de uma

---

7 "Marketing de conteúdo é uma abordagem estratégica de marketing focada em criar e distribuir conteúdo valioso, relevante e consistente para atrair e reter um público-alvo claramente definido — e em última análise, conduzi-los a ações rentáveis como consumidores." Tradução livre de conceito dado pelo americano Joe Pulizzi em 2001. Fonte: https://contentmarketinginstitute.com/what-is-content-marketing/

marca. O marketing de influência pode ser integrado de forma inteligente à estratégia de comunicação global da marca, pois ao escolher influenciadores cujos valores e estilo se alinham com a marca, a mensagem transmitida se torna consistente com a identidade da marca. Isto porque influenciadores digitais têm um público cativo e leal. Ao colaborar com eles, as marcas podem amplificar sua mensagem para um público que pode não ser facilmente alcançado por meio de canais tradicionais. Isso ajuda a criar uma narrativa coesa e atinge diferentes segmentos de público. Os influenciadores são mestres na criação de conteúdo relevante e envolvente. Ao colaborar com eles, as marcas podem aproveitar essa *expertise* para produzir conteúdo que ressoa com o público e mantém sua atenção.

> **História da Fenty Beauty com influenciadores**
>
> Fenty Beauty, lançada em setembro de 2017, é uma marca de maquiagem que ganhou destaque em todo o mundo não apenas por sua alta qualidade e variedade de tons inclusivos, mas também por sua estratégia inovadora de marketing, especialmente o uso de influenciadores.
>
> Rihanna, uma das artistas mais influentes da indústria da música e da moda, fundou a Fenty Beauty com a visão de criar uma marca de maquiagem que fosse verdadeiramente inclusiva, atendendo a uma ampla gama de tons de pele que muitas vezes eram negligenciados por outras marcas.
>
> Desde o lançamento, Fenty Beauty percebeu a importância de utilizar influenciadores de diferentes origens e tons de pele como embaixadores da marca. Esses influenciadores desempenharam um papel crucial em várias áreas:
>
> **Testemunhos Autênticos:** Os influenciadores da Fenty Beauty compartilharam suas experiências pessoais com os produtos da marca, destacando a qualidade e a diversidade de tons disponíveis. Isso trouxe autenticidade às recomendações e atraiu consumidores que se sentiram representados.
>
> **Alcance Global:** A marca escolheu influenciadores de diferentes partes do mundo, o que permitiu uma expansão global rápida. Esses influenciadores ajudaram a aumentar a conscientização sobre a Fenty Beauty em mercados diversos.

> **Variedade de Estilos e Tons:** A Fenty Beauty reconheceu que não existe um padrão único de beleza, e os influenciadores representavam uma ampla variedade de estilos e características físicas. Isso ressoou com o público, que viu a marca como inclusiva e acessível.
>
> Como resultado, o uso de influenciadores teve um impacto mensurável nos negócios da Fenty Beauty. A marca experimentou vendas recordes desde o seu lançamento, com muitos produtos frequentemente esgotados. Além disso, a atenção positiva dos influenciadores ajudou a Fenty Beauty a estabelecer uma forte presença nas redes sociais e a conquistar uma base de fãs leais.

Além do conteúdo, os quesitos de coerência de imagem e marca também são válidos no ambiente digital e é esperado que a marca mantenha uma consistência visual e de mensagem em todos os canais digitais. Isso significa usar elementos visuais consistentes, como logotipos, cores e estilos de design em postagens e garantir que as mensagens estejam alinhadas com os valores da marca.

Como medida também de integração da comunicação ao ambiente digital, as empresas devem integrar suas plataformas digitais para garantir uma experiência de usuário fluida e consistente. Isso envolve a sincronização de informações entre o *site*, as redes sociais, o e-mail marketing e outras ferramentas digitais.

Outro aspecto bastante relevante na atuação digital é o acompanhamento, mensuração e análise de resultados constante das ações de comunicação. As empresas devem acompanhar o desempenho de suas campanhas, medir métricas-chave, como taxa de conversão, engajamento e retorno sobre investimento (ROI), e ajustar suas estratégias com base nos *insights* obtidos. Isto porque o ambiente digital está em constante evolução e as empresas precisam estar dispostas a se adaptarem. Isso envolve a incorporação de novas tecnologias, a atualização de estratégias de marketing e a resposta às mudanças nas preferências do público.

Por fim, pode-se concluir que ao coordenar estrategicamente todas as atividades de comunicação *online*, as empresas podem criar uma presença coesa e eficaz, construindo uma marca sólida e relevante. O ambiente digital permite que as empresas se conectem de forma mais profunda com seu público, proporcionando uma experiência consistente e envolvente, o que, por sua vez, leva ao crescimento da marca e ao sucesso nos negócios. Portanto, a implementação adequada de uma comunicação integrada no ambiente digital é um investimento valioso para qualquer empresa que deseje prosperar no cenário digital contemporâneo.

5.3 TouchPoints no Branding

Os "*touchpoints*" no *branding* são os pontos de contato nos quais os consumidores interagem com uma marca. Eles podem ser tanto físicos quanto digitais e incluem qualquer ponto de interação entre uma marca e seu público-alvo. Esses pontos de contato desempenham um papel crucial na construção da identidade da marca e na percepção que os consumidores têm dela.

Primeiramente, é importante entender que os *touchpoints* podem ser diversos, abrangendo desde a presença da marca em mídias sociais, o *website* da empresa, embalagens de produtos, atendimento ao cliente, lojas físicas, eventos de marketing, publicidade, entre outros.

Eles podem ser classificados de várias maneiras, dependendo do contexto e da abordagem de análise. Podem ser físicos (incluem interações no mundo real, como lojas físicas, produtos físicos, embalagens, atendimento ao cliente presencial, eventos de marketing, entre outros) ou digitais (englobam interações *online*, como *websites*, aplicativos móveis, mídias sociais, e-mails, *chatbots* e publicidade *online*).

Também podem ser diretos (aqueles em que os consumidores interagem diretamente com a marca, como ao visitar o *site* da empresa, entrar em contato com o suporte ao cliente ou fazer compras em uma loja física da marca) ou indiretos (envolvem interações com a marca por meio de terceiros, como avaliações de produtos em *sites* de terceiros, recomendações de amigos ou influenciadores).

Podem ser de acordo com o momento da venda, seja antes dela (aqueles que os consumidores encontram antes de efetuar uma compra, como publicidade, avaliações *online*, recomendações de amigos e pesquisas de produtos) ou depois (referindo-se a interações após a compra, como suporte ao cliente, *feedback* pós-compra, programas de fidelidade e acompanhamento pós-venda).

O importante é que cada um desses *touchpoints* oferece uma oportunidade única de influenciar a percepção do consumidor sobre a marca. Por isso, classificar os *touchpoints* de uma marca ajuda as empresas a compreenderem melhor como os clientes interagem com ela e a otimizar esses pontos de contato para criar experiências consistentes e positivas. Ao entender as diferentes categorias de *touchpoints* e sua importância, as marcas podem desenvolver estratégias mais eficazes para construir relacionamentos sólidos com os clientes e fortalecer sua presença no mercado.

Assim, ao se planejar uma campanha de comunicação integrada, é importante garantir que todos os *touchpoints* transmitam uma mensagem coesa e consistente, essencial para construir uma identidade de marca sólida. A consistência ajuda a criar confiança e reconhecimento da marca.

No cenário contemporâneo uma nova área de atuação para profissionais de marketing visa justamente mapear e averiguar cada ponto de contato, formando o que se chama *"Customer Success"* ou sucesso do cliente. Nesta área, os *touchpoints* possuem um papel crucial na experiência do cliente. Uma experiência positiva em cada ponto de contato pode aumentar a fidelidade do cliente e a probabilidade de recomendação.

O *Customer Success* tem objetivo de construir e manter relacionamentos sólidos com os clientes, sendo de extrema importância para as marcas modernas. Ele refere-se a uma estratégia que visa garantir que os clientes alcancem o máximo valor possível dos produtos ou serviços oferecidos por uma marca. É uma abordagem proativa que vai além da simples venda e concentra-se na satisfação contínua do cliente ao longo de sua jornada com a marca. Um dos pontos-chave sobre a importância do *Customer Success* é a retenção de clientes, pois manter clientes existentes é geralmente mais econômico do que adquirir novos, uma vez que os satisfeitos têm menos probabilidade de migrar para a concorrência. Além disso, clientes satisfeitos se tornam defensores da marca. Eles estão dispostos a recomendar produtos ou serviços a outros, o que é uma forma poderosa de marketing boca a boca.

Já o *Customer Experience* engloba todas as interações e percepções que os clientes têm ao interagir com uma marca, desde o primeiro ponto de contato até a pós-compra. Isto porque em muitos setores, a qualidade do produto ou serviço pode ser semelhante entre concorrentes. O que realmente diferencia uma marca é a experiência que ela proporciona ao cliente. E uma experiência positiva cria lealdade e atrai clientes. Assim, clientes que têm uma experiência positiva tendem a ser mais fiéis e propensos a fazer compras repetidas. Isso pode contribuir significativamente para a receita recorrente de uma marca.

Em síntese, tanto o *Customer Success* quanto a *Customer Experience* desempenham papéis cruciais na construção de relacionamentos sólidos com os clientes e no sucesso de uma marca. Eles são intrinsecamente interligados, pois o *Customer Success* contribui para a melhoria da *Customer Experience*. Empresas que priorizam essas áreas não apenas alcançam maior retenção e fidelização de clientes, mas também têm a oportunidade de se destacar em um mercado competitivo e construir uma base de clientes leais e engajados.

Outro fator pelo que se pode considerar importante analisar e monitorar *touchpoints* é pela questão de relacionamentos. Isto porque os *touchpoints* bem projetados podem contribuir para o desenvolvimento de relacionamentos duradouros com os clientes. Isso envolve a criação de interações que vão além da simples transação e envolvem os consumidores em um nível mais profundo, como programas de relacionamento.

Para exemplificar a importância dos *touchpoints*, considere o cenário em que uma marca de roupas de luxo utiliza embalagens elegantes e oferece um atendimento personalizado em suas lojas físicas. Esses são *touchpoints* que reforçam a imagem de alta qualidade e exclusividade da marca. Se, por outro lado, essa mesma marca não tiver uma presença eficaz nas redes sociais e não responder de maneira adequada às consultas dos clientes *online*, isso pode comprometer a percepção da marca.

Em síntese, os *touchpoints* de uma marca desempenham um papel crucial na construção do sucesso da experiência do cliente com a marca e no impulsioná-la ao grau de memorável. Ao mapear esses pontos de contato estrategicamente e garantir experiências consistentes e positivas em cada interação, as empresas podem fortalecer a lealdade do cliente, aumentar a retenção e conquistar defensores da marca. Isso, por sua vez, não apenas conduz a um crescimento sustentável dos negócios, mas também posiciona a marca como uma líder de mercado que valoriza profundamente suas conexões com os clientes. Portanto, o investimento na compreensão e otimização dos *touchpoints* é uma abordagem essencial para alcançar o sucesso a longo prazo no cenário competitivo atual.

PERGUNTAS PARA EXPLORAR A COMPREENSÃO:

- Como você descreveria a importância da arquitetura de marcas na estratégia de marketing de uma empresa?
- Quais são os principais tipos de arquitetura de marcas e em que contextos cada uma delas é mais adequada?
- Como a arquitetura de marcas pode afetar a percepção dos consumidores sobre uma empresa e seus produtos/serviços?
- Qual é o papel da comunicação integrada de marcas na construção de uma identidade coesa e consistente?
- Quais são os principais desafios que as empresas enfrentam ao implementar uma estratégia de comunicação integrada de marcas?
- Pode compartilhar exemplos de empresas que obtiveram sucesso ao adotar uma abordagem integrada em sua comunicação de marca?
- Como a comunicação digital transformou a maneira como as marcas se conectam com seu público-alvo?

- Quais são as principais plataformas e ferramentas utilizadas para a comunicação digital de marcas e como elas podem ser eficazes?
- Quais são as melhores práticas para manter uma presença digital relevante e envolvente para uma marca?
- O que são *touchpoints* em uma estratégia de marca e como eles contribuem para a construção de marcas fortes?
- Quais são os principais elementos que as marcas devem considerar ao projetar seus *touchpoints* para garantir uma experiência consistente?
- Como as marcas podem medir a eficácia de seus *touchpoints* na construção da lealdade do cliente?

RESUMO

A Arquitetura de Marcas é um conceito fundamental no campo do *branding* e marketing. Refere-se à estrutura organizacional das marcas dentro de uma empresa ou portfólio de produtos. A maneira como uma organização organiza suas marcas tem um impacto significativo na maneira como os consumidores percebem e interagem com essas marcas. Existem vários tipos de arquitetura de marcas, cada produto ou serviço tem sua própria identidade de marca, mas está ligado à empresa-mãe, empresas com várias divisões ou unidades de negócios usam marcas separadas para cada uma delas a marca principal endossa ou "empresta" sua reputação às marcas secundárias, e uma mesma organização com várias marcas independentes. A escolha da arquitetura de marcas depende da estratégia de negócios, do mercado-alvo e dos objetivos de marketing da empresa.

A Comunicação Integrada de Marketing desempenha um papel crucial na construção do valor da marca, tanto no contexto tradicional quanto no mundo digital. A abordagem integrada permite que as empresas transmitam uma mensagem coesa e consistente, criando uma percepção positiva da marca. A evolução da CIM para o ambiente digital ampliou suas possibilidades, exigindo uma adaptação constante para atingir o público de maneira eficaz. Portanto, a CIM permanece como um conceito fundamental no marketing contemporâneo, e sua compreensão e aplicação adequadas são essenciais para o sucesso das organizações. Além disso, o processo de comunicação contemporâneo é altamente influenciado pela tecnologia digital e pela diversidade de canais de comunicação disponíveis. A compreensão das necessidades do público-alvo, a escolha adequada dos canais e a adaptação às mudanças culturais e tecnológicas são essenciais para uma comunicação eficaz nos dias de hoje.

Os *touchpoints* desempenham um papel crucial no *branding*, pois são as interações tangíveis e digitais que moldam a maneira como os consumidores percebem uma marca. É vital para as empresas gerenciarem e otimizarem esses pontos de contato para criar uma imagem de marca sólida, promover a fidelidade do cliente e se destacar em um mercado altamente competitivo. Cada *touchpoint* é uma oportunidade para a marca criar uma impressão positiva e fortalecer seu relacionamento com o público. Isso inclui desde a embalagem do produto até o atendimento ao cliente e interações nas redes sociais.

Em resumo, a gestão eficaz da estrutura de marcas, a implementação de uma comunicação integrada de marcas consistente e a atenção aos *touchpoints* são elementos cruciais para o sucesso da marca no ambiente atual, especialmente no contexto digital em constante evolução. Esses conceitos desempenham um papel central na construção e manutenção da reputação e do valor da marca.

REFERÊNCIAS

AAKER D. A. **Marcas: Brand Equity gerenciando o valor da marca**. 10. ed. São Paulo: Elsevier Editora,1998.

BELCH, G. E., & BELCH, M. A. **Advertising and Promotion: An Integrated Marketing Communications Perspective**. Learning (Vol. 6th). New York: McGraw-Hill, 2003.

KELLER, K. L. **Gestão Estratégica de Marcas**. São Paulo. Prentice Hall. 2006.

KOTLER, P.; KELLER, K. L. **Administração de marketing**. São Paulo: Pearson Prentice Hall, 2012.

OGDEN, J. R.; CRESCITELLI, E. **Comunicação Integrada de Marketing: Conceitos, Técnicas e Práticas**. 2. ed. São Paulo: Pearson Prentice Hall, 2007.

ROCHA, Marcos Donizete A.; OLIVEIRA, Sérgio Luís Ignacio de. **Gestão estratégica de marcas** (Coleção Marketing em Tempos Modernos). São Paulo. Editora Saraiva, 2017.

TAIMINEM, H. One gets what one orders: Utilisation of digital marketing tools. **The Marketing Review**, p. 389-404, 2016.

Capítulo 6

6. Gestão de marcas em diversos contextos

No vasto cenário do *branding* moderno, onde as marcas competem ferozmente pela atenção e devoção dos consumidores, emergem estratégias inovadoras que vão além das imagens e palavras persuasivas. Neste capítulo, será explorado um mundo multifacetado, no qual as marcas se tornam verdadeiramente memoráveis, deixando uma impressão forte na mente e no coração do público. O Sensorial Branding, o Primal Branding e o Employer Branding são expressões dessa nova era de conexão entre marcas e pessoas.

Imagine caminhar por uma rua movimentada em uma manhã ensolarada. A brisa suave carrega consigo os aromas frescos de uma padaria próxima, desencadeando instantaneamente lembranças agradáveis e uma vontade súbita de degustar um pãozinho quentinho. Ao virar a esquina, seus olhos captam a vibrante paleta de cores de uma loja de moda, evocando uma sensação de estilo e autoexpressão. Enquanto isso, você sente a pulsação enérgica do ambiente, acompanhada pela trilha sonora alegre que emerge de uma loja de eletrônicos, que lhe relembra das suas últimas descobertas tecnológicas. Essa experiência multissensorial é o coração do Sensorial Branding, uma abordagem que busca envolver todos os sentidos para forjar conexões profundas com o público.

No entanto, a jornada pelo universo do *branding* não se limita a estimular apenas os sentidos. É essencial compreender as histórias fundamentais que as marcas contam, aquelas que ressoam com a essência do público. Isso conduz ao Primal Branding, uma estrutura narrativa que desvenda os componentes essenciais por trás de marcas poderosas e cativantes. Por meio de rituais, crenças, mitos e ícones, as marcas se tornam parte do tecido da identidade do consumidor, transcendendo a função utilitária para se tornarem uma parte integral da sua história pessoal.

À medida que se aprofunda na psicologia do *branding*, descobre-se que as marcas não são apenas voltadas para o consumidor final, mas também para os indivíduos que as moldam e dão vida por trás dos bastidores. O Employer Branding, uma disciplina emergente e vital, revela como as organizações estão reconhecendo a importância de cultivar uma cultura interna autêntica e inspiradora. Funcionários engajados não são apenas embaixadores internos, mas também desempenham um papel crucial na construção da narrativa da marca, influenciando diretamente a percepção que o público externo tem da empresa.

Ao longo deste capítulo, você vai explorar os segredos do Sensorial Branding, mergulhar nas raízes do Primal Branding e compreender a vitalidade do Employer Branding. E assim vai ter uma nova perspectiva em relação às marcas que o cercam, e compreenderá que sua rede de conexões emocionais e narrativas servem como alicerces fundamentais para as interações com estas marcas.

6.1 Sensorial Branding

No cenário dos negócios nas primeiras décadas do século XXI, a construção de marcas fortes se tornou essencial para diferenciar produtos e serviços, conquistar a preferência dos consumidores e garantir o sucesso de longo prazo para empresas. Assim, uma estratégia de *branding* eficaz envolve uma abordagem holística que engloba não apenas elementos visuais, mas também sensoriais. O *sensorial branding* ainda é considerado um tema pouco explorado, mas já dá sinais de que pode ser uma forma diferente de chamar a atenção dos consumidores e conquistá-los. Isto porque ele é uma abordagem que busca criar conexões emocionais e memoráveis com os consumidores por meio da estimulação de seus sentidos.

Conforme cita Lindstrom (2012), o Sensorial Branding usa estratégias que fazem uso dos aromas, sons e texturas considerando que podem conferir ou evidenciar o apelo de uma marca, estimulando o envolvimento com seu mercado consumidor. É uma estratégia de marketing que se concentra na criação de uma experiência sensorial única e coesa em torno de uma marca. Envolve a utilização intencional de estímulos sensoriais para evocar emoções, memórias e associações positivas nos consumidores. Ao fazer isso, as marcas buscam se destacar em um mercado saturado, estabelecer uma conexão mais profunda com o público e criar uma identidade única que seja facilmente reconhecível.

> *O estímulo sensorial não apenas nos faz agir de maneiras irracionais, como também nos ajuda a diferenciar um produto do outro. Os estímulos sensoriais se incorporam na memória a longo prazo; eles se tornam parte de nosso processo decisório. (LINDSTROM, 2012, p. 18).*

Também contribui com esta visão de aliar o *branding* a aspectos sensoriais, o autor americano Bernd H. Schmidt (2000), que em seu livro "Experiential Marketing" considera que as marcas podem proporcionar ações diferenciadas aos mercados consumidores. Ele enfatiza a importância de múltiplos sentidos na construção da percepção da marca. Para o autor, os profissionais que se dedicam ao marketing experiencial enxergam os consumidores como seres emocionais e racionais, valorizando sua busca por vivências prazerosas. Na construção deste tipo de marketing são identificados cinco distintos tipos de vivências, também conhecidos como módulos experienciais estratégicos, que os especialistas podem desenvolver para os clientes: experiências sensoriais; experiências emocionais; experiências cognitivas criativas; experiências físicas, comportamentais e de estilo de vida; e experiências de identidade social, decorrentes das interações com grupos ou culturas de referência. Tais vivências são concretizadas através de agentes experienciais, tais como a comunicação em todos os pontos, identidade visual e verbal, presença do produto no ponto de venda, entre outros. O objetivo primordial do marketing experiencial é forjar vivências holísticas que misturem as experiências individuais em uma totalidade.

Sendo assim, pode-se dizer que as sensações que as marcas provocam em seus consumidores e o vínculo criado a partir desta conexão se tornou estratégico para torná-las mais fortes. Na seção a seguir será detalhado como exatamente as marcas podem provocar as sensações certas para se conectar a seus consumidores.

6.1.1   Elementos Principais do Sensorial Branding

Uma vez que o Sensorial Branding trabalha com os sentidos, é importante saber, portanto, como estes podem contribuir com o reforço de marca.

A. Visão

A visão desempenha um papel crucial no processo de conexão, pois é frequentemente o primeiro sentido a ser estimulado quando as pessoas interagem com uma marca, produto ou ambiente. A visão é um dos sentidos mais poderosos e influentes para a percepção e compreensão do mundo ao nosso redor. Ela é responsável por transmitir uma quantidade significativa de informações sobre o ambiente, objetos e pessoas. No contexto do *sensorial branding*, a visão desempenha um papel fundamental na criação de uma imagem visual distintiva para uma marca, ajudando a estabelecer associações emocionais e cognitivas que afetam a maneira como os consumidores se relacionam com essa marca.

Um dos elementos bem importantes na estratégia de *sensorial branding* é o logotipo da marca. O logotipo é uma representação visual icônica que encapsula a identidade, os valores e a missão da empresa. Por meio do design do logotipo, as empresas podem transmitir sua personalidade, estabelecer credibilidade e criar reconhecimento instantâneo.

Além do logotipo, as cores desempenham um papel crucial na estratégia visual de *sensorial branding*. Cores específicas podem evocar emoções e associações culturais que influenciam a percepção dos consumidores sobre uma marca. Por exemplo, o vermelho é frequentemente associado à paixão e energia, enquanto o azul pode transmitir confiança e serenidade. As empresas escolhem suas paletas de cores com base nas mensagens que desejam transmitir e nas reações que desejam provocar nos consumidores.

Além disso, a embalagem dos produtos é um componente importante do *sensorial branding* visual. A maneira como um produto é apresentado visualmente pode afetar diretamente as decisões de compra dos consumidores. Uma embalagem atraente, inovadora e esteticamente agradável pode atrair a atenção e criar uma experiência positiva antes mesmo do consumo real do produto. Marcas de luxo, por exemplo, muitas vezes investem consideravelmente na criação de embalagens elaboradas para transmitir exclusividade e qualidade superior.

A arquitetura de espaços de varejo e ambientes comerciais também é uma área em que a visão desempenha um papel fundamental no *sensorial branding*. O *layout*, a iluminação, a decoração e a disposição dos produtos dentro de uma loja podem influenciar o comportamento do consumidor, criar uma atmosfera específica e reforçar a identidade da marca. Como exemplo a marca brasileira que faz parte do grupo Grendene, é vendida em outros oitenta países, que tem uma galeria de arte como loja, a Melissa. A marca faz inúmeras *collabs* (parcerias) com artistas famosos, marcas em evidência e transforma o espaço em uma infinidade de estímulos visuais que se conectam ao universo de sua identidade jovem.

Figura: Frente da Loja Melissa

Fonte: https://harpersbazaar.uol.com.br/moda/os-10-anos-da-galeria-melissa/#gallery=1&slide=5

Em conclusão, ao criar uma experiência visual que seja lembrada, as marcas podem estabelecer conexões emocionais e cognitivas duradouras com os consumidores, influenciando suas decisões de compra e construindo lealdade à marca. Portanto, a visão é uma ferramenta poderosa no arsenal do *sensorial branding*, capaz de moldar a percepção e a relação dos consumidores com as marcas de maneira profunda e significativa.

B. Audição

A audição desempenha um papel fundamental no processo de *branding*, pois é capaz de evocar emoções, criar atmosferas e transmitir mensagens de forma única. Neste contexto, o aspecto da audição no *sensorial branding* também desempenha um papel crucial na construção de uma identidade de marca distintiva e na criação de experiências sensoriais que impactam diretamente na percepção e no relacionamento do consumidor com a marca.

A audição, como um dos cinco sentidos humanos, é extremamente poderosa na evocação de memórias e emoções. Sons e músicas podem ser fortemente associados a lembranças, sentimentos e experiências passadas. Dessa forma, a utilização adequada da audição no *sensorial branding* pode gerar uma ligação profunda entre a marca e o consumidor, uma vez que a música, os efeitos sonoros e as vozes podem influenciar o estado de espírito, a percepção de qualidade e até mesmo a decisão de compra.

A seleção cuidadosa de elementos sonoros, como *jingles*, trilhas sonoras e efeitos de áudio, pode ajudar a estabelecer uma identidade sonora única para uma marca. Esses elementos podem se tornar distintivos e imediatamente reconhecíveis, criando uma associação direta com a marca. Por exemplo, pense na icônica melodia de abertura da Intel ou no som de entrada do aplicativo de *streaming* Netflix. Esses sons se tornaram sinônimos das respectivas marcas e são instantaneamente identificados pelos consumidores.

Além de elementos sonoros distintivos, as marcas também podem criar ambientes sonoros específicos para suas lojas físicas, *sites* ou eventos. A música ambiente escolhida pode influenciar o humor dos consumidores, definir o ritmo de suas interações e até mesmo afetar a duração de suas visitas. Uma loja de roupas de luxo, por exemplo, pode optar por uma trilha sonora sofisticada e tranquila, enquanto uma loja de artigos esportivos pode escolher músicas energéticas para estimular a atividade física.

A audição também é um canal eficaz para contar histórias e transmitir mensagens de marca. *Podcasts*, por exemplo, têm se tornado uma ferramenta popular para as empresas se conectarem com seu público-alvo de maneira mais íntima, compartilhando conhecimento, experiências e valores por meio de histórias contadas em áudio.

Apesar dos benefícios, a implementação bem-sucedida do aspecto da audição no *sensorial branding* requer atenção a alguns desafios. A escolha errada de elementos sonoros ou a falta de coesão entre a mensagem da marca e o som escolhido podem levar a resultados indesejados. Além disso, a percepção de sons pode ser subjetiva, variando entre diferentes culturas e grupos demográficos.

Por fim, o aspecto da audição desempenha um papel fundamental no *sensorial branding*, permitindo que as marcas criem experiências sensoriais memoráveis e estabeleçam conexões emocionais profundas com os consumidores. Por meio da escolha estratégica de elementos sonoros, ambientes sonoros, narrativas e conteúdo de marca, as empresas podem construir uma identidade sonora única e impactante, que reforce sua presença no mercado e fortaleça seu relacionamento com o público. No entanto, é importante abordar esses aspectos com sensibilidade cultural e considerar cuidadosamente a mensagem que se deseja transmitir, a fim de garantir uma experiência auditiva coesa e autêntica para os consumidores.

C. Olfato

Entre os diversos sentidos humanos, o olfato desempenha um papel fundamental nesse processo, desencadeando memórias, emoções e influenciando as decisões de compra de maneira poderosa. É um sentido altamente evocativo, capaz de desencadear lembranças e emoções de forma instantânea e profunda. As marcas que incorporam fragrâncias exclusivas podem aproveitar essa conexão para criar uma identidade sensorial única e duradoura. Ao desenvolver um aroma característico, uma marca pode se destacar da concorrência e se tornar instantaneamente reconhecível para os consumidores.

Uma estratégia eficaz de *sensorial branding* envolve a criação de uma "assinatura olfativa". Assim como os logotipos são reconhecidos visualmente, a música ou os *jingles* são reconhecidos auditivamente, uma assinatura olfativa consistente pode se tornar parte integrante da identidade de uma marca. Isso envolve a escolha cuidadosa de notas e ingredientes que representam os valores, a personalidade e a mensagem da marca. Por exemplo, uma marca de produtos naturais pode optar por fragrâncias frescas e herbais para evocar uma sensação de pureza e autenticidade.

Além disso, o olfato pode ser usado para criar experiências memoráveis nos pontos de contato com o consumidor, como lojas físicas, eventos ou exposições. Um aroma agradável e distintivo presente em um ambiente de varejo pode influenciar positivamente a percepção da marca, estimulando os consumidores a permanecerem mais tempo e a se sentirem mais à vontade para explorar os produtos. Isso pode levar a um aumento nas vendas e na fidelidade à marca.

No entanto, é importante destacar que o uso do olfato no *sensorial branding* requer uma abordagem cuidadosa e estratégica. Os aromas devem ser escolhidos de forma apropriada para o público-alvo da marca, levando em consideração suas preferências e associações culturais. Além disso, a intensidade do aroma deve ser controlada para evitar desconforto ou saturação sensorial.

Em resumo, o olfato desempenha um papel significativo no *sensorial branding*, permitindo que as marcas criem conexões emocionais profundas com os consumidores por meio de memórias e emoções evocadas por fragrâncias distintivas. A incorporação estratégica do olfato nas estratégias de *branding* pode levar a uma percepção mais forte da marca, resultando em maior reconhecimento, fidelidade e sucesso no mercado.

D. Paladar

O paladar é um dos cinco sentidos humanos fundamentais e desempenha um papel significativo na forma como se percebe e experimenta o mundo ao redor. No contexto do *sensorial branding*, que se concentra em criar uma conexão emocional entre uma marca e seu público por meio dos sentidos, o paladar desempenha um papel crucial na formação das associações e percepções que os consumidores têm de uma marca. Ao explorar o potencial do paladar, as marcas podem reforçar sua identidade, transmitir valores, contar histórias e proporcionar momentos de prazer e satisfação.

Por meio do uso estratégico do paladar, as marcas podem criar experiências sensoriais que diferenciam seus produtos ou serviços no mercado competitivo. Isso pode envolver a criação de sabores distintos e agradáveis que se tornam instantaneamente associados à marca, gerando um impacto duradouro na mente dos consumidores. Ao desenvolver produtos com sabores exclusivos e distintos, as marcas podem reforçar sua identidade e mensagem central. Por exemplo, uma cafeteria que oferece um café artesanal com um perfil de sabor específico pode transmitir valores de qualidade, autenticidade e artesanato. Ainda no que diz respeito a sabores de produtos, ao criar produtos com sabores que estejam alinhados aos valores e estilo de vida do público-alvo, as marcas podem estabelecer conexões mais profundas e autênticas. Como exemplo há lojas como a da KitKat que são conhecidas por promover a experimentação para o consumidor com novos sabores e que refletem público e o caráter de novidade que a marca traz.

O paladar tem uma capacidade de evocar memórias e emoções. Marcas podem capitalizar essa característica, criando produtos que remetam a momentos emocionais positivos na vida dos consumidores. O sabor de um biscoito caseiro pode trazer à tona sentimentos de aconchego e carinho. Além disso, a incorporação do paladar pode ser uma extensão da narrativa e da história da marca. Um restaurante que oferece pratos tradicionais de uma região específica, por exemplo, pode transportar os clientes para uma jornada culinária que reflete a herança e a cultura daquela região.

Por estes motivos, o aspecto do paladar desempenha um papel fundamental no *sensorial branding*, permitindo que as marcas criem experiências sensoriais memoráveis e autênticas que estabelecem conexões emocionais e duradouras com os consumidores.

E. Tato

O tato é um sentido primordial que nos conecta com o mundo ao redor. Ele desencadeia respostas emocionais profundas e está intimamente ligado à memória e ao reconhecimento. No contexto do *sensorial branding*, a incorporação do tato nas estratégias de marca permite às empresas criarem experiências sensoriais que podem evocar emoções, transmitir valores e gerar lembranças duradouras.

As marcas podem utilizar diferentes materiais e texturas em seus produtos, embalagens e espaços físicos para estimular o tato dos consumidores. A escolha de materiais de alta qualidade e texturas agradáveis não apenas melhora a percepção da qualidade do produto, mas também cria uma sensação tátil prazerosa. Certos materiais e texturas podem ser associados a significados simbólicos e emocionais específicos, o que pode ser explorado para reforçar a identidade da marca. Por exemplo, embalagens suaves e aveludadas podem evocar uma sensação de luxo e exclusividade, enquanto texturas ásperas podem transmitir autenticidade e rusticidade.

O tato também pode ser aproveitado para promover a interatividade e o engajamento dos consumidores com a marca. A criação de elementos táteis que os consumidores possam tocar, sentir e explorar pode gerar uma experiência envolvente. Isso pode ser alcançado por meio de amostras de produtos disponíveis para toque em lojas físicas, embalagens que convidam ao manuseio ou até mesmo por meio de interações táteis em ambientes digitais, como dispositivos de toque ou *feedback* tátil em aplicativos.

No entanto, para que a abordagem do tato no *sensorial branding* seja eficaz, é essencial que haja consistência e coerência sensorial em todos os pontos de contato da marca. Isso significa que a experiência tátil deve estar alinhada com os outros elementos sensoriais da marca, como cores, sons e aromas. A falta de coesão sensorial pode criar uma experiência confusa e comprometer a percepção da marca.

6.1.2   Importância do Sensorial Branding para Marcas Fortes

Em um mercado saturado, a diferenciação é crucial para se destacar. Conforme visto em vários exemplos explorando os sentidos humanos, o *sensorial branding* permite que as marcas se destaquem da concorrência, formando uma identidade única e cativante. O *sensorial branding* contribui para a construção da identidade de marca coesa e autêntica, tornando mais fácil para os consumidores identificarem e se relacionarem com ela. Além disso, a abordagem sensorial cria conexões emocionais profundas com os consumidores, levando a um engajamento mais forte e a uma lealdade duradoura. Isto porque, sabe-se que experiências sensoriais impactantes têm mais probabilidade de serem lembradas. Isso ajuda as marcas a permanecerem na mente dos consumidores ao longo do tempo, pois a estimulação de múltiplos sentidos em uma experiência de marca torna essa experiência mais envolvente e forte na lembrança.

Sendo assim, o *sensorial branding* é uma abordagem poderosa para a construção de marcas fortes, permitindo que as empresas criem conexões emocionais profundas, diferenciação e uma identidade autêntica. Ao aproveitar os estímulos sensoriais, as marcas podem se destacar em um mercado competitivo e criar experiências únicas que ressoam com os consumidores. Portanto, investir no *sensorial branding* não apenas fortalece a marca, mas também proporciona uma base sólida para o sucesso a longo prazo.

6.2   Primal Branding

Primal Branding é uma abordagem de *branding* criada por Patrick Hanlon, um especialista em marketing e publicidade. Ele é reconhecido como um autor dedicado ao *branding*, notadamente por sua obra *Primal Branding: Create Zealots for Your Brand, Your Company, and Your Future* (Branding Primal: Criando Fanáticos para Sua Marca, Sua Empresa e Seu Futuro), publicada em 2006. O livro apresenta uma estrutura inovadora para entender e construir marcas autênticas que não apenas conquistam a lealdade do cliente, mas também se tornam parte integrante da cultura popular. É uma leitura recomendada para profissionais de marketing, empreendedores e qualquer pessoa interessada em entender as complexidades por trás da construção de marcas icônicas. Isto porque suas ideias desafiam as normas tradicionais e fornecem *insights* valiosos para esses profissionais que buscam criar marcas impactantes e que ficam na lembrança.

O autor argumenta que embora seja simples explicar por que a fidelização à marca Coca-Cola perdurou após mais de um século de intensa publicidade direcionada ao consumidor e apoio de estratégias de marketing, é praticamente insondável compreender como a Starbucks conquistou uma lealdade semelhante por parte dos consumidores na categoria de bebidas, praticamente sem depender de campanhas publicitárias expressivas. Qual é o motivo subjacente? Os tradicionalistas podem apontar elementos como a qualidade superior do produto, a experiência diferenciada proporcionada, as localizações estratégicas e o treinamento exemplar dos funcionários. Sem dúvida, esses constituem fatores cruciais para o êxito de diversas empresas. Entretanto, diversos produtos que apresentam inovações notáveis, estabelecem localizações perfeitas, proporcionam experiências excepcionais aos clientes e até adotam abordagens publicitárias inovadoras frequentemente não conseguem manter a atração profunda no mercado que outras marcas alcançam.

Para Hanlon (2006) a principal estratégia no *Primal Branding* é que as marcas bem-sucedidas precisam contar histórias convincentes e autênticas que ressoem com os valores, crenças e aspirações de seus públicos-alvo, criando uma conexão emocional e de lealdade. Para ele as marcas giram em torno de sistemas de crenças. E uma vez que se olha para uma marca como um sistema de crenças, *"ela ganha automaticamente as vantagens pelas quais a empresa se esforça: confiança, vivacidade, relevância, um senso de valores, comunidade, liderança, visão, empatia, compromisso e muito mais"*.

A partir da ideia de Hanlon (2006), quando se tem crenças se tem pertencimento. Quando se criam marcas que as pessoas acreditam, também se criam grupos de pessoas que se sentem pertencentes. E este sentido da comunidade está no centro do pensamento do famoso psicólogo *Abraham Maslow*[8] com a hierarquia das necessidades humanas. Quer se pertença a uma tribo Masai, ou seja um morador de Nova York, um fanático por beisebol, *nerd* de computador, viciado em compras, corredor de maratona ou triatleta, é essencial como verdade humana de que todos querem pertencer a algo que é maior do que o sujeito isoladamente.

Assim, o trabalho do autor se concentra em abordar o *branding* de uma maneira única e holística, introduzindo o conceito de *"Primal Code"* (Código Primal) como um meio de criar conexões emocionais profundas entre as marcas e seus públicos. Para o autor, as empresas precisam se concentrar em identificar e desenvolver esses elementos essenciais para construir uma marca poderosa e duradoura. Ele identifica estes sete elementos essenciais do *"Primal Code"* que ajudam a construir essa conexão emocional como: as crenças, os ritos, os credos, os ídolos, a linguagem, os símbolos e o ritual de iniciação.

Embora o conceito de *"Primal Code"* seja fascinante e ofereça uma estrutura convincente para a construção de marcas autênticas, alguns críticos argumentam que ele pode ser excessivamente simplista em algumas áreas e que nem todas as marcas se encaixam perfeitamente nessa estrutura.

A seguir será detalhado cada um dos sete componentes principais do Primal Branding (Primal Code):

A. A História de Criação (Creation Story)

Toda marca deve ter uma história de origem, uma narrativa que explique como e porque ela foi criada. Essa história deve ser autêntica e envolvente para atrair o interesse e a identificação do público. A Criação da Crença se refere justamente à história fundamental e essencial

---

8 Hierarquia de necessidades de Maslow

por trás de uma marca, organização ou produto. É a narrativa que dá significado e propósito à marca, explicando sua origem, seus valores e sua visão. Esse componente busca responder a perguntas como: Por que a marca existe? Qual é o propósito subjacente à sua criação? Como ela está contribuindo para o mundo?

Um exemplo notável de uma história de criação é a que se diz por trás da fundação da Apple por Steve Jobs e Steve Wozniak na garagem de Jobs. Essa história não apenas descreve as origens da empresa, mas também encapsula os valores de inovação, criatividade e desafio ao *status quo* que a Apple incorpora.

Ao criar e comunicar uma história de criação, as marcas podem alcançar várias metas importantes:

- **Identidade Distinta:** Uma história de criação ajuda a marca a se destacar no mercado, tornando-a única e memorável. Afinal cada produto ou pessoa tem um início e uma história de como surgiu.
- **Conexão Emocional:** Contar uma história significativa por trás da marca cria uma conexão emocional com os consumidores, tornando-os mais propensos a se envolverem e se identificarem com a marca.
- **Lealdade do Consumidor:** Quando os consumidores podem se relacionar com a história da marca, eles tendem a se tornar mais leais e engajados ao longo do tempo.
- **Compartilhamento de Valores:** Uma história de criação permite que a marca compartilhe seus valores fundamentais com o público, atraindo aqueles que compartilham esses mesmos valores.
- **Diferenciação Competitiva:** Ao contar uma história autêntica e convincente, a marca pode se diferenciar da concorrência e estabelecer uma posição única no mercado.
- **Estabelecimento de Propósito:** Uma história de criação ajuda a definir o propósito mais amplo da marca, demonstrando

como ela está contribuindo para melhorar a vida das pessoas ou a sociedade como um todo.

Para criar uma história de criação eficaz é importante que a história seja autêntica, relevante e envolvente. Deve capturar a essência da marca e sua visão, ao mesmo tempo que ressoa com os valores e aspirações do público-alvo.

B. O Credo (*Creed*)

O "Credo" é uma declaração fundamental que encapsula a crença central, os valores e a missão subjacentes de uma marca. Ele comunica de forma concisa e impactante a razão de ser da marca e seu propósito mais profundo. Ao expressar uma crença autêntica, o "Credo" visa conectar-se emocionalmente com os consumidores que compartilham ou se identificam com esses valores.

Ao desenvolver um "Credo", Hanlon (2006) sugere que uma marca deve considerar os seguintes pontos:

- **Autenticidade:** O "Credo" deve ser uma expressão genuína dos valores e crenças da marca. Ele não deve ser uma mera declaração de marketing, mas sim uma representação sincera do que a marca realmente acredita.
- **Clareza:** O "Credo" deve ser claro e direto ao ponto. Deve transmitir de forma simples e compreensível a essência da marca e o que ela representa.
- **Ressonância:** O "Credo" deve ressoar com o público-alvo da marca. Deve tocar em questões ou valores que sejam relevantes e significativos para os consumidores.
- **Diferenciação:** Pode ser uma maneira de se diferenciar das outras marcas, destacando valores únicos e distintivos.
- **Inspiração:** Deve ser inspirador e motivador. Deve atrair emoções e aspirações mais profundas do público, conectando-se com sua identidade e visão de mundo.

- **Consistência:** Deve ser consistente com todas as outras expressões e ações da marca. Deve permear todas as interações da marca com os consumidores.
- **Evolução:** O "Credo" pode evoluir ao longo do tempo à medida que a marca amadurece e se adapta às mudanças no ambiente de mercado. No entanto, a essência fundamental deve permanecer constante.

Um exemplo famoso vem da marca americana Starbucks. O credo da Starbucks de ser "o terceiro lugar" (os outros dois sendo casa e escritório) é um credo sincero de hospitalidade, a cozinha longe de casa, um estado de espírito confortável.

Em suma, o "Credo" no contexto do livro *"Primal Branding"* é um elemento poderoso para construir uma conexão emocional e duradoura entre uma marca e seus consumidores. Ele oferece uma maneira de articular valores, crenças e propósito de maneira impactante, ajudando a moldar a identidade da marca e a solidificar sua posição na mente e no coração dos consumidores. E muitas vezes pode ser a expressão resumida que sua marca comunica.

C. O Ícone (Icon)

O ícone é um símbolo ou logotipo distintivo que representa a marca e é facilmente reconhecido pelo público. Deve ser simples, memorável e associado diretamente à identidade da marca. É uma representação visual que se torna instantaneamente reconhecível e associada à marca, remetendo a essência da marca. Esse símbolo é tão poderoso que, quando as pessoas o veem, imediatamente pensam na marca e em tudo o que ela representa. Mas ícones não precisam ser apenas logotipos, podem ser outros elementos de uma marca, que se tornam símbolos fortes e que vão carregar o seu significado da mesma forma, como embalagens, selos, prêmios, objetos, sons, sabores ou aromas.

O ícone desempenha um papel crucial na criação de reconhecimento de marca e na comunicação de valores e significados essenciais. Ele se torna uma âncora visual (ou não) para a marca, simplificando a identificação e a comunicação. Além disso, o ícone é uma ferramenta poderosa para a criação de narrativas em torno da marca.

Como exemplo, podemos citar os arcos dourados da empresa McDonald's, que foram criados acidentalmente como elementos de decoração das lojas, mas que foram convertidos na inicial da marca. Ao longo do tempo passaram a significar, instantaneamente, a identificação com a marca de lanches rápidos.

Fonte: https://www.mcdonalds.com/us/en-us/about-us.html

No entanto, o ícone não funciona isoladamente. Ele se integra com os outros seis componentes do modelo *"Primal Branding"* de Hanlon (2006), que incluem a criação de uma história, rituais, crenças compartilhadas, linguagem, criação de um líder carismático e criação de inimigos comuns. Juntos, esses elementos criam uma narrativa completa e autêntica em torno da marca.

D. Os Rituais (*Rituals*)

Os rituais são comportamentos repetitivos que fortalecem o senso de comunidade entre os seguidores da marca. Podem ser eventos, tradições ou ações que reforçam a conexão emocional. São ações, processos ou cerimônias que uma marca ou comunidade realiza regularmente. Essas atividades são compartilhadas por membros dessa comunidade e têm um significado simbólico profundo. Rituais podem variar desde algo tão simples quanto a embalagem específica de um produto até eventos de grande escala, como lançamentos de produtos, festas de aniversário de empresas ou encontros de fãs.

Os rituais são carregados de significado emocional para os seguidores da marca. Eles ajudam a criar uma sensação de pertencimento e identidade com a marca. Os rituais fornecem um caminho para as pessoas expressarem sua afinidade de forma tangível. Inclusive a vitalidade de uma marca é expressa a partir do número de interações positivas que uma marca tem com seus consumidores, e os rituais reforçam essa ideia.

Por isso, os rituais têm o poder de criar uma comunidade em torno de uma marca. Eles permitem que os seguidores se sintam parte de algo maior do que eles mesmos. Quando as pessoas compartilham a experiência de um ritual comum, isso fortalece sua conexão com a marca e com os outros que participam desses rituais.

Há muitas formas que os rituais podem assumir, com motivações ou tempo de duração diferentes. Como exemplo, pode-se citar as celebrações de feriados da Coca-Cola (como a campanha de Natal com o Papai Noel), ou até mesmo o ato de abrir uma embalagem de um produto específico da Apple com seu som característico. O importante é que consistência e repetição sejam mantidas. Estas são fundamentais para o sucesso dos rituais. Eles precisam ser realizados regularmente para se tornarem eficazes na construção de uma marca forte e duradoura.

Definir os rituais envolvidos com o produto, serviço, personalidade ou função é uma etapa importante para agregar significado e relevância às marcas. Isto porque os rituais desempenham um papel importante na fidelização de clientes e na criação de defensores de marca leais. Quando as pessoas têm rituais associados a uma marca, estão mais propensas a continuar comprando os produtos ou serviços dessa marca e a recomendá-los a outras pessoas.

E. Os pagãos ou descrentes (*the pagans or nonbelievers*)

Para que uma marca seja dada como relevante no mercado, é necessário descobrir o que pensa quem não acredita nela. Pois, parte de dizer quem você é e o que você representa também está em declarar quem você não é e o que você não apoia. Por isso é importante descobrir quem não gosta da marca e por quê.

Os pagãos são, de acordo com Hanlon (2006), os não crentes, aqueles que não acreditam na mensagem central da marca. Eles representam a polarização em torno da marca, ou seja, as pessoas que não se identificam com ela. Os pagãos são importantes porque ajudam a definir a própria marca. Se todos acreditam na mesma coisa, a marca não se destaca e não se torna memorável.

A ideia de ter pagãos é semelhante à noção de ter inimigos declarados ou concorrentes. Ter pessoas que não gostam da sua marca pode ser benéfico, pois isso significa que a sua marca está provocando uma reação emocional nas pessoas, seja positiva ou negativa. O que é crucial é que a marca está gerando um diálogo e sendo discutida, o que pode levar ao fortalecimento da sua identidade.

Além disso, Hanlon argumenta que, ao criar um senso de pertencimento em torno da marca (os crentes), você também está criando, por definição, aqueles que não se encaixam nesse grupo (os pagãos). Esta dicotomia ajuda a construir uma história em torno da marca e a definir sua identidade. Eles desempenham um papel importante na definição da identidade da marca e na criação de uma narrativa em torno dela, contribuindo para sua memorabilidade e significado. Ter pagãos não é necessariamente algo negativo, desde que a marca seja capaz de gerar discussões e reações emocionais em relação a ela.

Como exemplo, podemos citar a Pepsi que em inúmeras campanhas cita a concorrência com a Coca-Cola, ou Burguer King que também brinca com a ideia de disputa com quem prefere seu concorrente McDonald's. Veja abaixo a campanha feita pelo Burguer King, na Argentina, no dia da campanha solidária do McLanche Feliz, que diz para seus consumidores irem ao concorrente.

Fonte: https://consumidormoderno.com.br/burger-king-mcdiafeliz

F. As palavras sagradas (*The sacred words*)

As palavras sagradas são palavras ou frases específicas que encapsulam o significado e os valores da marca. São termos que evocam uma resposta emocional e são frequentemente usados na narrativa da marca.

A marca deve ter uma linguagem única e consistente que ressoe com seu público-alvo. Isso pode incluir slogans, termos específicos ou jargões que se tornam parte da identidade da marca. São palavras ou frases que são cuidadosamente escolhidas para evocar emoções e conexões profundas. Essas palavras escolhidas pela marca são particularmente importantes porque são a linguagem que a marca usa para se comunicar com seu público.

São usadas consistentemente em toda a comunicação da marca, desde anúncios publicitários até mídias sociais e embalagens de produtos. Isso ajuda a criar uma identidade de marca sólida e coesa, tornando mais fácil para os consumidores se identificarem com a marca e se tornarem leais a ela. É um componente fundamental do modelo de *branding* de Patrick Hanlon.

Um exemplo de marca que usa bem seu jargão é a Red Bull (marca de energéticos) que, frequentemente, usa a expressão "Red Bull te dá asas" em seus comerciais e campanhas.

G. O Líder (*the leader*)

Os sistemas de crenças de uma marca bem-sucedida geralmente têm uma pessoa que é o catalisador, o tomador de risco, o visionário, o iconoclasta que partiu contra todas as probabilidades (e muitas vezes contra o mundo em geral) para recriar o mundo de acordo com seu próprio senso de identidade, comunidade e oportunidade. Essa pessoa é o líder, figura central da marca ou a pessoa que a representa. Pode ser o fundador da empresa ou outra pessoa que simbolize a marca.

Este ponto do *Primal Code* está relacionado à ideia de que toda marca precisa de figuras de liderança, pessoas ou personagens que representam e personificam os valores e a essência da marca. Essas figuras de liderança são frequentemente identificadas com a marca e desempenham um papel crucial na criação de uma conexão emocional entre a marca e seus seguidores.

Eles são o rosto ou a voz da marca. Essas figuras podem ser os fundadores da empresa, CEOs, embaixadores da marca, mascotes ou até mesmo personagens fictícios, dependendo da natureza da marca. O importante é que eles personifiquem os valores e a personalidade da marca.

Geralmente, eles não são apenas símbolos vazios. Líderes têm histórias pessoais que se alinham com a história da marca. Essas histórias são compartilhadas para criar empatia e identificação com o público. As pessoas tendem a confiar em marcas que têm figuras de liderança autênticas e confiáveis. Isso é fundamental para construir relacionamentos de longo prazo com os consumidores.

Há também a crença de que líderes unificam a comunidade da marca, uma vez que atuam como ímãs, atraindo seguidores e criando uma comunidade em torno da marca. Isso cria um senso de pertencimento e identidade compartilhada entre os consumidores.

Como exemplo de líderes, nota-se a marca de automóveis Tesla. A história de Elon Musk e sua visão de um futuro sustentável e tecnologicamente avançado se entrelaça com a marca, criando uma narrativa poderosa.

Desta forma, pode-se perceber que os líderes são elementos cruciais na construção de marcas que têm um impacto profundo e duradouro na mente e no coração dos consumidores. Eles desempenham um papel fundamental na criação de conexões emocionais e na construção de uma comunidade em torno da marca.

Como conclusão, para Hanlon (2006) o *"Primal Code"* é, de fato, a chave para desvendar o poder das marcas e criar conexões duradouras com os consumidores. Cada um de seus componentes age como uma peça do quebra-cabeça, construindo uma narrativa coerente e envolvente que envolve emocionalmente os clientes.

Ao entender o *Primal Code* e sua aplicação prática, vê-se que as marcas de sucesso não são apenas produtos ou serviços, mas sim histórias contadas de forma consistente e convincente. Através da repetição e da construção de uma tribo leal de seguidores, as marcas podem transcender sua função original e se tornar símbolos culturais.

6.3 Employer Branding

O termo *Employer Branding* tem sido empregado de forma relativamente recente no Brasil, mais precisamente nos últimos 5 anos. No entanto, sua primeira menção ocorreu em 1996, quando dois professores ingleses publicaram um artigo acadêmico sobre o assunto. Simon Barrow e Tim Ambler propuseram que as teorias e estratégias de *branding* usadas para fortalecer marcas comerciais também poderiam ser aplicadas para tornar as organizações mais atrativas como lugares para se trabalhar.

No artigo original eles reconhecem que poderiam aliar as áreas até então separadas como recursos humanos (RH) e marketing de uma marca em uma única estrutura conceitual. Os autores acreditam que *"o empregador pode ser visto como uma marca com a qual o empregado desenvolve uma relação mais próxima"*. Isto significando que, em relação análoga às marcas com seus consumidores, o funcionário será de alguma forma influenciado, convencido pelos valores, crenças ou mesmo ações positivas de seu empregador e manterá uma relação de confiança com a marca (no seu caso a empresa empregadora). Por outro lado, o marketing do empregador deveria promover um maior reconhecimento das pessoas por meio de ações de marketing de relacionamento, considerando que é mais fácil e barato manter clientes (no caso empregados) do que recrutar novos.

Desta forma, eles definem *Employer Branding* como "o pacote de benefícios funcionais, econômicos e psicológicos fornecidos pelo emprego e identificados com a empresa empregadora". Nessa relação mútua e contínua de empresa com funcionário há uma série de trocas de benefícios mútuos e pode ser parte integrante da rede total de negócios da empresa.

Os benefícios que uma marca vista como empregadora proporciona aos seus funcionários são semelhantes aos oferecidos por uma marca convencional de produto aos seus consumidores. Isso inclui atividades de desenvolvimento e utilidade, recompensas materiais ou financeiras, bem como sentimentos de pertencimento, direção e propósito. Além disso, a marca empregadora também possui uma personalidade distinta e pode ser posicionada no mercado da mesma forma que uma marca de produto. Portanto, as técnicas tradicionais de marketing, especialmente a pesquisa de mercado, podem ser aplicadas com eficácia nesse contexto.

Eles enfatizam a importância de o *Employer Branding* como uma estratégia vital para as empresas atraírem, reterem e engajarem talentos de qualidade. O *Employer Branding* se refere à gestão estratégica da imagem e reputação de uma empresa como empregadora. É a criação e promoção de uma marca empregadora sólida e atraente, que influencia a percepção de candidatos em potencial, funcionários atuais e ex-funcionários em relação à empresa. Em outras palavras, é a forma como uma empresa é percebida como um lugar para trabalhar.

Como um dos elementos fundamentais do *Employer Branding*, pode-se citar a questão da identidade da marca como empregadora. É necessário definir a sua essência. Isso envolve identificar os valores, cultura organizacional, missão e visão que a empresa oferece aos seus funcionários. Além disso, é importante elaborar uma promessa clara sobre o que os funcionários podem esperar da empresa em termos de experiência, desenvolvimento profissional e oportunidades. Além de desenvolver conteúdo autêntico e envolvente que transmita a cultura e os valores da empresa, utilizando os canais adequados para compartilhar essa mensagem. O objetivo é garantir que a experiência do candidato e do funcionário esteja alinhada com a promessa da marca empregadora, desde o processo de recrutamento até o desenvolvimento de carreira.

Para relatar a importância de estruturar o *Employer Branding* (ou Marca Empregadora) dentro de uma organização, deve-se mencionar o estudo realizado por Berthon *et al.* (2005), no qual foram desenvolvidas cinco escalas de atributos denominadas "*Employer Attractiveness Scale*" (Escala de Atratividade do Empregador). Essas escalas visam avaliar em que medida uma organização oferece diferentes tipos de valores para seus colaboradores. Nessa escala estão os seguintes valores:

Gestão de marcas

- **Valor do Interesse** (IV): Refere-se à atratividade do trabalho em si. Isso inclui a presença de tarefas estimulantes e desafiadoras, bem como oportunidades para inovação e criatividade. As organizações que oferecem empregos que envolvem projetos interessantes e desafios contínuos são vistas como mais atrativas para os profissionais que buscam crescimento e satisfação pessoal.

- **Valor Social** (SV): Este atributo se concentra no ambiente de trabalho e nas relações interpessoais. Uma organização que promove um ambiente de trabalho positivo, amigável e com um espírito de equipe acolhedor é mais provável de ser vista como atraente para os candidatos. As interações sociais e o senso de pertencimento desempenham um papel importante na satisfação dos funcionários.

- **Valor Econômico** (EV): Este atributo se relaciona à remuneração e benefícios. Salários acima da média, planos de carreira claros, segurança financeira, promoções e possíveis bonificações são fatores que podem atrair profissionais em busca de estabilidade financeira e progressão na carreira.

- **Valor de Desenvolvimento** (DV): Refere-se às oportunidades de crescimento e aprendizado profissional. As organizações que oferecem chances de adquirir novas habilidades, experiências de desenvolvimento e crescimento na carreira são vistas como mais atrativas para profissionais que buscam evoluir em suas carreiras.

- **Valor de Aplicação** (AV): Este atributo está relacionado à oportunidade de aplicar e compartilhar o conhecimento adquirido. As organizações que permitem que os funcionários treinem e compartilhem o que aprenderam são vistas como locais onde o aprendizado é valorizado e aplicado para melhorar a organização como um todo.

Ao desenvolver essas escalas de atributos, Berthon *et al.* (2005) forneceram uma estrutura valiosa para que as organizações avaliem e melhorem sua atratividade como empregadores. Isso é fundamental em um mercado de trabalho competitivo, onde a capacidade de atrair e reter talentos qualificados desempenha um papel crucial no sucesso de uma empresa. O *Employer Branding* eficaz pode ajudar as organizações a se destacarem e a construir uma equipe de alta qualidade que contribua para seu crescimento e sucesso a longo prazo.

Depois de analisar e considerar os valores oferecidos pela organização, torna-se viável a implementação de estratégias de *Employer Branding* na empresa. Uma pesquisa pode ajudar a entender a percepção atual da empresa como empregadora. Isso ajudará a identificar pontos fortes e áreas de melhoria, além de incluir os benefícios que devem ser oferecidos à força de trabalho futura e real. De acordo com Clavery (2020), há cinco pilares interconectados os quais precisam estar alinhados para que as promessas de valores feitas pela empresa sejam validadas pelos *stakeholders*. Esses cinco pilares são: recompensas ou benefícios, oportunidades, organização, identidade ou cultura, trabalho e pessoas. Juntos, esses elementos formam uma base sólida para a construção efetiva de estratégias de uma marca empregadora.

Com base nesta análise, parte-se então para o desenvolvimento de ação para fortalecer a marca empregadora, o inclui a criação de uma narrativa envolvente e a promoção junto dos funcionários. É necessário garantir que a mensagem da marca empregadora seja consistente em todos os canais de comunicação, tanto internos quanto externos. Por isso, há a necessidade acompanhamento e ajustes, caso necessário, monitorando constantemente a eficácia da estratégia de *Employer Branding*. Este é um processo contínuo.

Como resultado, tem-se a melhoria na motivação dos funcionários que deve resultar em um aprimoramento de seu desempenho, o que, por sua vez, contribuirá para um relacionamento mais sólido com os clientes. Esse fortalecimento da conexão com os clientes, por sua vez, irá potencializar o valor da marca, criando assim um ciclo virtuoso. Empresas que cultivam relacionamentos sólidos com os clientes e possuem um patrimônio de marca robusto costumam ser caracterizadas tanto por relações positivas com seus funcionários quanto por um desempenho superior ao longo prazo. A importância da cultura organizacional é evidente; a questão reside em como gerenciá-la de forma proativa.

Em resumo, *Employer Branding* é uma estratégia vital para atrair e reter talentos nas empresas. Ele envolve a criação de uma marca empregadora sólida, baseada em valores autênticos e uma promessa clara para os funcionários. A aplicação eficaz dessa estratégia requer pesquisa, desenvolvimento consistente da marca, comunicação eficaz e envolvimento dos funcionários, tudo isso medido por meio de métricas específicas.

PERGUNTAS PARA EXPLORAR A COMPREENSÃO:

- No contexto do *Sensorial Branding*, quais são os elementos principais que uma marca pode explorar para criar uma identidade sensorial distinta?
- Pode explicar a importância do *Sensorial Branding* na estratégia de marca e como isso afeta a percepção dos consumidores?
- Como você definiria o conceito de *Primal Branding* e quais são os seus componentes essenciais?
- Poderia compartilhar exemplos de marcas que utilizaram com sucesso o *Primal Branding* em suas estratégias?
- O que é *Employer Branding* e como ele se diferencia do *branding* tradicional de produtos ou serviços?
- Quais são os principais aspectos que uma organização deve considerar ao desenvolver sua estratégia de *Employer Branding*?

RESUMO

A gestão de marcas é um desafio multifacetado que evoluiu significativamente nas últimas décadas, adaptando-se a diversos contextos e inovações. Ela transcende setores e contextos, sendo fundamental para organizações comerciais, sem fins lucrativos e até mesmo para indivíduos. Em ambientes de negócios em constante evolução, a marca se torna uma âncora para a identidade e a estratégia da organização, adaptando-se a variáveis culturais, sociais e econômicas. Este capítulo explora a complexidade da gestão de marcas, destacando elementos-chave, como *Sensorial Branding*, *Primal Branding* e as implicações no *Employer Branding*.

O *Sensorial Branding* é uma abordagem estratégica que envolve a criação de experiências sensoriais únicas em torno de uma marca. Neste contexto, os principais elementos, como som, cheiro, tato, sabor e visão, desempenham um papel crucial. A combinação desses elementos busca criar conexões emocionais profundas com os consumidores, fortalecendo o reconhecimento e a fidelidade à marca. A importância do *Sensorial Branding* reside em sua capacidade de proporcionar uma experiência memorável e autêntica, distinguindo uma marca em um mercado saturado.

O *Primal Branding* se concentra na construção de narrativas poderosas em torno de uma marca, enfatizando sete componentes-chave: criação de mitos, criação de credos, reunião da comunidade, estabelecimento de rituais, compartilhamento de ícones, revelação de tabus e criação de líderes. Ao adotar essa estratégia, as marcas conseguem criar uma identidade sólida e envolvente, estabelecendo conexões emocionais profundas com seu público. Isso gera lealdade e defesa da marca, além de tornar a marca mais resistente a desafios externos.

O *Employer Branding* trata da gestão da marca de um empregador. A forma como uma organização é percebida como empregadora afeta diretamente sua capacidade de atrair e reter talentos. A reputação da empresa, sua cultura organizacional e seus valores desempenham um papel central. O sucesso do *Employer Branding* está intrinsecamente relacionado à consistência entre a imagem externa e a experiência interna dos colaboradores. Uma abordagem sólida de *Employer Branding* não apenas atrai profissionais talentosos, mas também fortalece a marca da empresa como um todo.

Este capítulo destaca a complexidade e a interconexão entre a gestão de marcas em diversos contextos, o *Sensorial Branding*, o *Primal Branding* e o *Employer Branding*. A gestão eficaz da marca é essencial para o sucesso organizacional, e a compreensão desses conceitos oferece uma base sólida para construir marcas duradouras e significativas

REFERÊNCIAS

BERTHON, P. & EWING, M. & HAH, L. L. (2005). Captivating company: Dimensions of attractiveness in employer branding. **International Journal of Advertising. 24. 151-172. 10.1080/02650487.2005.11072912.**

CLAVERY, Suzie. **Isso é Employer Branding?!: um livro para (des)construir tudo aquilo que você (acha que) sabe (ou não) sobre o tema.** São Paulo: Leader, 2020.

HANLON, P. **Primal branding: create zealots for your brand, your company, and your future.** NY. Free Press, 2006.

LINDSTROM, Martin. **Brandsense: segredos sensoriais por trás das coisas que compramos.** Bookman, 2011.

SCHMITT, Bernd H. **Experiential Marketing: How to Get Customers to Sense, Feel, Think, Act, Relate.** NY. Free Press, 2000.

Capítulo 7

7. Métricas na Gestão de marcas

As métricas na gestão das marcas desempenham um papel fundamental na avaliação do sucesso de suas estratégias. Elas são medidas quantitativas e qualitativas que ajudam as empresas a compreenderem como sua marca está sendo percebida pelo público, qual é o impacto de suas ações de *branding* e como podem melhorar essas estratégias. São indicadores de desempenho específicos que permitem medir o sucesso das ações relacionadas à construção e gestão da marca de uma empresa.

Sendo assim, fornecem uma maneira objetiva de avaliar o desempenho da marca ao longo do tempo, ajudando na tomada de decisões, permitindo que as empresas ajustem suas estratégias com base em resultados reais. Também permitem determinar o retorno sobre o investimento (ROI) em atividades de *branding*, e refletem a percepção dos clientes sobre a marca, ajudando a identificar áreas de melhoria.

De acordo com Eduardo Tomiya (2020) o processo de tornar uma marca relevante e valorizada, se dá na implementação de ações de *branding*. Para isso, todas as ações desse processo devem ser detalhadas em um *Brand Book*, que deve incluir também as ações de monitoramento de sua efetividade. Para este autor, conhecido por sua atuação experiente em avaliação de empresas, a mensuração está em cinco dimensões:

1. Financeira de longo prazo — valor dos ativos intangíveis e da marca.
2. Financeira de curto prazo — vendas, lucro, EVA (*Economic Value Added*).
3. Percepção da marca — processo de decisão de compra.
4. Processos internos de *Branding* — (processos internos do marketing como comunicação, mídia etc.).
5. Força da marca — Posicionamento no mercado.

Por este ponto de vista, fica claro que métricas em *branding* são fundamentais para medir o impacto das estratégias de construção e gestão de uma marca, tanto do ponto de vista financeiro (valor da marca), quanto de seu reconhecimento e presença no mercado. Neste capítulo estes conceitos serão detalhados.

7.1 Valor de Marca

A gestão do valor de uma marca é um esforço estratégico contínuo que visa criar e manter uma imagem positiva e uma reputação sólida no mercado. Uma marca bem gerenciada não apenas gera lealdade do cliente, mas também pode ser um ativo valioso para uma empresa, contribuindo para seu crescimento e sucesso a longo prazo. Durante muitos anos, o foco estava predominantemente nos aspectos tangíveis associados a uma marca, que desempenhavam um papel fundamental na avaliação do valor de uma empresa (como as plantas industriais, as redes de varejo, os equipamentos, entre outros). No entanto, à medida que se avança no século XXI, os aspectos intangíveis (marcas, pessoas, capital intelectual, patentes etc.) também se tornaram elementos cruciais na construção do valor de uma marca.

A avaliação do valor de uma marca é uma tarefa crítica para empresas e investidores, pois nenhuma métrica única é definitiva. Em vez disso, uma combinação de várias métricas e abordagens é geralmente necessária para obter uma compreensão completa e precisa do valor da marca. Além disso, o valor de uma marca pode mudar ao longo do tempo devido a fatores como mudanças na percepção do consumidor, estratégias de marketing, concorrência e eventos do mercado, portanto, é importante revisar e atualizar regularmente essa avaliação. Assim, existem várias métricas e abordagens para mensurar o valor de uma marca, e elas podem variar dependendo do objetivo da avaliação e do contexto da empresa. Portanto, a gestão de uma marca também é feita a partir da mensuração de seu valor e de como ele é gerado.

A fim de melhorar a compreensão do assunto, retoma-se aqui o conceito de *Brand Equity*, ou, "Valor da Marca", pois este é um conceito central no mundo do *branding* e marketing. Mas embora haja algum consenso na compreensão geral do conceito e da importância do *Brand Equity* em relação à capacidade de valorização de uma marca, não existe uma definição precisa e única para o termo, uma vez que sua interpretação pode variar em diferentes direções.

Ter um sólido *Brand Equity* pode ser a diferença entre o sucesso e o fracasso de uma empresa nos mercados altamente competitivos de hoje, mas de onde vem o valor da marca de fato? Para alguns autores, o *Brand Equity* tem uma perspectiva financeira, que considera a possibilidade de fluxos de caixa incrementados a partir de um produto ou serviço oferecido ao mercado. Conforme cita Aaker (2003), o *Brand Equity* refere-se ao valor adicional que uma marca confere a um produto ou serviço além das características tangíveis ou funcionais. Já para outros é considerado o valor adicionado pelo consumidor a sua resposta de compra de uma determinada marca. Ou como aponta Keller (2006), do ponto de vista do consumidor, o valor de marca se refere à influência que a presença de uma marca exerce sobre as decisões de compra dos consumidores e sua reação às estratégias de marketing. A partir destas duas perspectivas, por conseguinte, entende-se que o valor de uma marca pode ser mensurado de diferentes formas, dependendo de onde ele parte.

DEFINIÇÕES SOBRE BRAND EQUITY

"Conjunto de associações e comportamentos da parte de clientes, membros do canal e empresa controladora da marca que permite à marca ganhar maior volume ou maiores margens do que conseguiria sem o nome de marca e que lhe dá uma vantagem forte, sustentável e diferenciada sobre os concorrentes." (Marketing Science Institute).

"Conjunto de ativos e obrigações vinculados a uma marca, seu nome e símbolo, que são somados ou subtraídos do valor proporcionado por um produto ou serviço a uma empresa e/ou aos clientes dessa empresa." (David Aaker, Universidade da Califórnia em Berkeley).

"*Brand Equity* é mais bem traduzido por dois termos: patrimônio e força. Patrimônio da marca é seu valor realizado, revelando-se na forma de resultados observáveis, tais como maiores volumes, maiores margens ou fluxos de caixa mais estáveis. Força diz respeito ao valor potencial da marca, à exuberância de sua identidade e à capacidade de expandir-se para outros mercados ou categorias de produtos." (Paulo Standerski, FGV-SP).

"*Brand Equity* é o valor adicional da marca sob o prisma do consumidor e da empresa que a possui para diferenciar seus produtos/serviços e a própria organização (ou instituição, pessoa e ideia). Para o consumidor, é o quanto ele se dispõe a pagar a mais devido à síntese da experiência positiva de valor que a somatória do valor de sua franquia de mercado, ou seja, a multiplicação de quantas pessoas a preferem e de quanto cada uma delas está disposta a pagar adicionalmente ao custo de um bem ou serviço pelo que ela representa em seu universo de consumo." (Rafael Sampaio, autor do livro *Marcas de A a Z: como construir e manter marcas de sucesso*).

Fonte: Keller (2006).

Conforme explica Tomiya (2012), no fim da década de 1980 o valor de marca era costumeiramente mensurado a partir da avaliação de ativos tangíveis (patrimônio) e o fluxo de caixa. O que superava essa medida era considerado ativo intangível e significava a marca e sua relação com seus consumidores (ou seu nível de lealdade), além de base de clientes, patentes, capital humano entre outros. Nesta época, as métricas se baseavam então em valor de marca e valor de empresa.

Com a evolução desse pensamento, incluindo a evolução do próprio marketing, a marca (e seu valor) passam a ser mais que um registro legal e transforma-se em uma meta a ser perseguida assim como suas métricas. A percepção dos consumidores passa a ser objetivo de pesquisa e sua análise uma busca para entendimento da atuação da empresa. Entende-se que com esse conhecimento, consegue-se monitorar também as dimensões financeiras, a percepção do mercado e a força da marca.

Essa nova forma de mensurar uma marca se baseia em modelos econométricos de séries temporais, que podem analisar inclusive o impacto de ações de comunicação replicado em vendas de produtos em um curto prazo de tempo. Mas ainda segundo Tomiya (2012) mais importante que saber o valor da marca é estabelecer métricas de monitoramento dos direcionadores do valor da marca.

A partir disso, reconhece-se que o valor gerado pelo caixa é e continua sendo importante, mas a percepção dos investidores também desempenha papel fundamental. Métricas de reputação, tanto de consumidores, mas também de investidores, colaboradores e outros públicos precisam ser consideradas.

Por fim, é importante saber que não é comum o registro de intangíveis em sistemas contábeis (e em muitos países é até mesmo proibido). No entanto, em geral, os métodos de monitoramento dos valores de marca se baseiam em expectativas de rentabilidade futura. Ou seja, a empresa é avaliada (e monitorada) a partir do quanto ela é capaz de gerar lucro para o seu acionista no futuro. Esse valor é registrado em estudos sobre a empresa, relatórios gerenciais de capital intelectual, que são publicados com o fim de guiar as decisões e o monitoramento dos valores de marcas.

7.2 Reconhecimento de marcas

Os modelos que consideram o reconhecimento e a percepção dos consumidores são essenciais para entender como uma marca está sendo percebida e como sua imagem está evoluindo ao longo do tempo.

O reconhecimento da marca, ou *"Brand Awareness"* em inglês, é um conceito fundamental em *Branding* que se refere à medida em que o público-alvo reconhece e se lembra de uma marca específica. É a capacidade de uma marca ser identificada pelo seu nome, logotipo, produtos ou serviços, e estar associada a determinadas qualidades ou características na mente dos consumidores. O reconhecimento da marca é uma etapa crucial no processo de construção de uma marca forte e de sucesso.

Segundo os estudos de Keller (2006), o primeiro nível de *Brand Awareness* é o reconhecimento. Isso significa que os consumidores podem identificar a marca quando seu logotipo, nome ou produtos lhes são mostrados. Eles podem dizer, por exemplo: "Sim, conheço essa marca" ao vê-la. Esse reconhecimento de marca pode ser espontâneo, onde os consumidores citam a marca sem ajuda, ou auxílio, no qual precisam de pistas ou dicas para se reconhecer a marca. A consciência de marca espontânea geralmente indica um nível mais profundo de conexão com a marca.

Mas o reconhecimento da marca não consiste apenas em reconhecê-la em algum momento. Envolve também lembrar-se da marca quando os consumidores estão no processo de decisão de compra. Por exemplo, se alguém está procurando um tênis e se lembra da marca Adidas como uma escolha confiável, isso representa um alto nível de reconhecimento da marca.

Mas isso ainda não é o suficiente para o reconhecimento da marca. Não basta que os consumidores simplesmente reconheçam ou se lembrem dela. Também é importante que tenham associações positivas com isso. Essas associações podem incluir qualidade do produto, confiabilidade, inovação, atendimento ao cliente, valores da marca etc. Associações positivas podem influenciar a preferência do consumidor.

Então o terceiro nível do reconhecimento é a lealdade à marca, também conhecida como fidelidade à marca. Refere-se à tendência de um consumidor em continuar comprando produtos ou serviços de uma marca específica de forma consistente ao longo do tempo, mesmo quando outras opções estão disponíveis no mercado. A lealdade à marca é construída com base em uma conexão emocional e positiva que os consumidores desenvolvem com uma marca.

Alguns fatores-chave contribuem para a lealdade à marca, como a qualidade de produtos. As marcas que entregam consistentemente produtos ou serviços de alta qualidade tendem a construir lealdade entre os consumidores. A experiência do cliente também é fator de lealdade, pois a forma como os consumidores são tratados durante a interação com a marca é fundamental. A conexão emocional de alguns consumidores com as marcas também pode ser um fator de lealdade. Quando as pessoas se identificam com elementos como valores ou identidade visual é mais provável que sejam leais à marca. Além destes fatores, ações de marketing como a comunicação eficaz com os consumidores ou programas de fidelidade, seja por meio de mídias sociais, ou outros canais, com descontos para clientes frequentes ou recompensas, pode manter a marca na mente dos consumidores e fortalecer a lealdade. Ainda podem ser considerados fatores de influência para se manter a lealdade a uma marca, a experiência geral de usar um produto ou serviço da marca e as recomendações de amigos, familiares e colegas.

A lealdade à marca é um ativo valioso para as empresas, uma vez que consumidores leais tendem a gastar mais, resistem a mudanças para a concorrência e podem até mesmo se tornar defensores da marca, promovendo-a ativamente. Portanto, as empresas investem em estratégias para cultivar e manter essa lealdade ao longo do tempo.

O reconhecimento da marca, em seus vários níveis, pode ser medido por meio de pesquisas a consumidores, usando técnicas qualitativas como os grupos de foco, ou entrevistas. Além destas, as pesquisas de mercado, rastreamento de engajamento em mídias sociais, análise de tráfego na *web* são outros métodos de mensuração da percepção e reconhecimento de marcas. Essas métricas ajudam as empresas a avaliarem a eficácia de suas estratégias de construção de marca.

7.3 Métodos de avaliações do Valor de Marcas

A avaliação do valor de uma marca enfrenta diversos desafios, a começar pela definição do conceito de valor, como já dito, uma vez que esse varia de acordo com a perspectiva de cada um dos envolvidos com a empresa, conhecidos como *stakeholders*. Esta noção é frequentemente subjetiva, influenciada pela percepção dos avaliadores, pelo contexto em que a avaliação ocorre e pelos objetivos que a permeiam.

A avaliação do valor de marca envolve elementos tanto racionais quanto psicológicos que estão associados a essas transações. Por isso, a seguir, serão apresentados alguns dos métodos de avaliação mais comumente empregados, os quais podem ser agrupados em duas categorias principais: métodos financeiros e métodos não financeiros.

7.3.1 Métodos financeiros

Conforme cita Tavares (2008) os métodos financeiros para cálculo do valor das marcas se baseiam em transações ou investimentos focados na marca. São eles:

A. o valor do *royalty* sobre vendas gerado pela cessão dos direitos ou pelo licenciamento para o uso da marca para terceiros;

B. diferença entre o preço de aquisição e o do ativo fixo (quando uma marca é vendida);

C. o preço pago por um produto com marca em relação a um produto sem marca;

D. os investimentos mercadológicos (orçamento para propaganda, participação de mercado, idade e ordem de entrada no mercado, relacionados em uma regressão *cross-sectional*);

E. o valor de mercado das ações;

F. o futuro fluxo incremental de caixa descontado;

G. o preço superior gerado pela marca (diferença de preço obtida em um dado período, multiplicada pelo volume de vendas unitárias, exprime o seu valor);

H. o nome de marca e preferência do consumidor (o valor seria mensurado pelas vendas marginais suportadas em relação a outras marcas);

I. o custo de substituição (a perspectiva de investimento em uma nova marca para substituir uma marca já estabelecida);

J. a combinação de fatores (valor de investimento, lucros, entre outros).

7.3.2 Métodos não financeiros

Conforme explica Tavares (2008) os métodos não financeiros, que são tipicamente elaborados por organizações e especialistas experientes na análise de marcas, implicam na seleção de métricas e na condução de investigações voltadas para avaliar a qualidade da relação entre a marca e o consumidor. Nesse processo, são avaliados aspectos relacionados ao desempenho de fatores de marketing, tais como preço, distribuição, bem como métricas de mercado que incluem a percepção da qualidade, a satisfação, a estima e as tendências. Adicionalmente, são considerados fatores resultantes desse desempenho, como a participação de mercado e a expansão internacional da marca. O valor da marca é então estimado como resultado da avaliação dessas métricas e indicadores, sendo que cada método possui suas próprias configurações. Entre os métodos mais utilizados, estão os desenvolvidos por empresas especializadas na mensuração da marca e que vendem esse serviço, como o da empresa Interbrand, de origem inglesa; os desenvolvidos por empresas de publicidade, como o Brand Asset Valuator (BAV), do grupo Young & Rubicam; e os desenvolvidos por acadêmicos, como o Brand Equity Ten.

Metodologia

A metodologia de avaliação de marca da Interbrand busca fornecer uma análise rica e perspicaz de marcas, oferecendo uma imagem clara de como as marcas estão contribuindo para o crescimento dos negócios hoje, juntamente com um roteiro de atividades para garantir que estão entregando um crescimento ainda maior amanhã.

Tendo sido pioneira na avaliação de marcas em 1988, temos uma compreensão profunda do impacto que uma marca forte tem em grupos-chave de *stakeholders* (atuais e potenciais) que influenciam o crescimento do negócio, clientes, funcionários e investidores. Marcas fortes influenciam as escolhas do consumidor e criam lealdade; atraem, retêm e motivam talentos; e diminuem o custo de financiamento. Nossa metodologia de avaliação de marca foi desenhada para levar todos esses fatores em conta.

A Interbrand foi a primeira empresa a ter sua metodologia certificada em conformidade com os requisitos da ISO 10668 (requisitos para a metodologia de avaliação de marca) e desempenhou um papel fundamental no desenvolvimento dos padrões. Existem três componentes-chave em todas as nossas avaliações: uma análise do desempenho financeiro dos produtos e serviços ligados à marca, o papel que a marca desempenha nas decisões de compra, e a força competitiva da marca. Para uma visão mais aprofundada, visite bestglobalbrands.com.

Fatores de Força da Marca

FATORES INTERNOS

Liderança

Direção
O grau em que existe um propósito e ambição claros para a marca, um plano para cumprir esses objetivos ao longo do tempo, e valores e cultura definidos para orientar como esses planos devem ser executados.

Alinhamento
O grau em que toda a organização está indo na mesma direção, comprometida com a estratégia de marca e empoderada por sistemas para executá-la em toda a empresa.

Empatia
O grau em que a organização está sintonizada com os clientes e demais *stakeholders*, ouvindo ativamente e antecipando suas necessidades, crenças e desejos em evolução, respondendo de forma eficaz e apropriada.

Agilidade
A rapidez com que uma empresa age em face de oportunidades ou desafios, permitindo-lhe ficar à frente das expectativas.

FATORES EXTERNOS

Engajamento

Distinção
A existência de ativos de assinatura únicos e experiências que são reconhecidas e lembradas pelos clientes, e difíceis de replicar.

Coerência
O grau em que as interações com o cliente, independente do canal ou contexto, permanecem autênticas à narrativa e ao sentimento da marca.

Participação
O grau em que a marca tem a capacidade de envolver os clientes e parceiros, criar um senso de diálogo e incentivar o envolvimento e a colaboração.

Relevância

 Presença
O grau em que uma marca se sente onipresente para audiências relevantes quando é citada positivamente e facilmente lembrada pelo cliente, que tem uma necessidade na categoria da marca.

 Confiança
O grau em que uma marca é vista para cumprir as (altas) expectativas que os clientes têm dela. A marca é percebida quando age com integridade e com os interesses dos clientes em mente.

 Afinidade
O grau em que os clientes sentem uma conexão positiva com a marca está baseado nos benefícios funcionais e/ou emocionais fornecidos, e/ou no senso de terem valores compartilhados.

Fonte: https://interbrand.com/best-global-brands-2022-download-form/[9]

7.4 Desafios na Mensuração do Valor de uma Marca

A mensuração do valor de uma marca é um desafio complexo que as empresas enfrentam, especialmente em um cenário cada vez mais digital e orientado pela comunicação. Avaliar com precisão o valor de uma marca requer a consideração de vários pontos cruciais, bem como a implementação de estratégias apropriadas.

O primeiro desafio diz respeito a intangibilidade da marca. Como já dito anteriormente, uma marca, por natureza, é parte intangível. Seu valor é construído também com base em percepções, emoções e experiências dos consumidores. E mensurar elementos intangíveis é um desafio significativo. Recomenda-se que as empresas utilizem pesquisas de mercado, análise de redes sociais e métricas de engajamento para capturar essas percepções.

Um segundo aspecto desafiador são as múltiplas dimensões do valor da marca. O valor de uma marca não é unidimensional. Ele engloba elementos como reconhecimento, lealdade, associações positivas e influência no processo de compra. E estes podem ser um tanto quanto complexos de serem avaliados.

---

9   Para ter acesso à imagem, faça o cadastro no site, citado na fonte, e acesse o documento integral da *Interbrand*.

Outro aspecto é com relação ao impacto da comunicação digital. No mundo digital, a comunicação é onipresente e evolui rapidamente. Por isso, mensurar o impacto das estratégias de marketing digital e mídias sociais na construção da marca é desafiador. É fundamental que as empresas utilizem ferramentas analíticas avançadas para rastrear o engajamento e o alcance de suas campanhas *online*.

O contexto e setor são outros pontos que devem ser considerados. Isto porque o valor de uma marca pode variar significativamente com base no contexto e no setor de atuação. O valor percebido de uma marca de luxo, por exemplo, pode ser muito diferente do valor de uma marca de produtos de consumo. Compreender o contexto é essencial para uma mensuração precisa.

E por fim, as constantes mudanças no comportamento do consumidor podem significar desafios ao mensurar uma marca. O comportamento do consumidor está em constante evolução, especialmente no ambiente digital. Isso exige que as empresas estejam atentas a mudanças nas preferências e nas expectativas dos clientes. A mensuração do valor da marca deve refletir essas mudanças.

Em resumo, mensurar o valor de uma marca é um desafio multifacetado, mas fundamental para o sucesso das empresas. Ao adotar uma abordagem abrangente e utilizar métricas relevantes, as empresas podem obter *insights* valiosos e tomar decisões informadas para fortalecer suas marcas no mercado em constante evolução.

PERGUNTAS PARA EXPLORAR A COMPREENSÃO:

- Como as métricas podem ser usadas na gestão de marcas para avaliar o desempenho e a eficácia das estratégias de *branding*?
- Quais são os principais modelos teóricos para calcular o valor de marca e como eles se comparam na prática?
- Como o reconhecimento de marca impacta a preferência do consumidor e as decisões de compra?

- Quais são os métodos financeiros mais utilizados para avaliar o valor de uma marca, e quais são suas limitações?
- Além dos métodos financeiros, quais métodos não financeiros são relevantes na avaliação de marcas, e como eles complementam as abordagens tradicionais?

RESUMO

No encerramento deste capítulo, é crucial ressaltar a importância das métricas na gestão de marcas como ferramentas fundamentais para avaliar o desempenho e o valor das marcas. A gestão eficaz de marcas requer uma compreensão sólida das métricas apropriadas para medir o sucesso das estratégias de *branding*. Nesse contexto, foram discutidos diversos aspectos relevantes que compõem a gestão de marcas, abrangendo desde o valor de marca até os desafios inerentes à mensuração.

Primeiramente, destaca-se a importância do valor de marca como um indicador-chave na avaliação do desempenho de uma marca. O valor de uma marca não se limita apenas aos seus ativos tangíveis, mas também inclui ativos intangíveis, como a percepção do consumidor, a lealdade à marca e a equidade da marca. É crucial compreender que o valor de uma marca é um ativo estratégico que pode influenciar significativamente a decisão de compra dos consumidores.

Além disso, foi abordado o reconhecimento de marcas como um elemento crucial na gestão de marcas. O reconhecimento de uma marca está intrinsecamente ligado à sua visibilidade no mercado e à sua capacidade de se destacar em meio à concorrência. As métricas de reconhecimento de marca, como pesquisa de lembrança e pesquisa de reconhecimento espontâneo, desempenham um papel vital na avaliação da eficácia das estratégias de *branding*.

No que diz respeito aos métodos de avaliação de marcas, foram mostrados tanto métodos financeiros quanto não financeiros. Os métodos financeiros usam dados financeiros, como receita e lucro, para estimar o valor de uma marca. Por outro lado, os métodos não financeiros incluem pesquisas de mercado, análises de percepção do consumidor e pesquisas de satisfação do cliente de acordo com a perspectiva de empresas, instituições e pesquisadores que se habilitam a trabalhar com essa temática. A combinação desses métodos oferece uma visão abrangente do desempenho da marca.

Por fim, não se pode ignorar os desafios na mensuração de marcas. Medir o valor de uma marca é uma tarefa complexa devido à sua natureza intangível. Os desafios incluem a escolha adequada das métricas, a obtenção de dados precisos e confiáveis, e a adaptação às mudanças no mercado e nas preferências do consumidor. A evolução constante do mundo digital também apresenta desafios adicionais na coleta e análise de dados de *branding*.

Em resumo, a gestão de marcas eficaz requer uma abordagem holística que incorpore métricas relevantes, como o valor de marca, o reconhecimento de marca e métodos de avaliação abrangentes. No entanto, é importante reconhecer os desafios inerentes à mensuração de marcas e buscar soluções criativas para enfrentá-los. A compreensão desses aspectos é essencial para o sucesso no universo complexo e em constante evolução do *branding*.

REFERÊNCIAS

AAKER, D. **Marcas: Brand Equity – gerenciando o valor da marca**. São Paulo: Negócio, 2003.

KELLER, K. L. **Gestão Estratégica de Marcas**. São Paulo. Prentice Hall. 2006.

TAVARES, M. C. **Gestão de marcas: construindo marcas de valor**. São Paulo: Harbra, 2008.

TOMIYA, E. **Gestão do valor da marca: como criar e gerenciar marcas valiosas** (Brand Value Management). Rio de Janeiro. Editora Senac. 2020.